ミクロ経済学入門の入門

[日]坂井丰贵——著 李晨——译

小学二年级就能读懂的
经济学

前　言

　　我想正在阅读本书的，可能大多数是刚开始接触或正在学习经济学的人，或者希望了解经济学基本常识的人，以及由于不懂经济学或微观经济学而感到困惑的人。

　　要想找到一本简单易懂的微观经济学入门书，确实很难。不过现在您可以放心了，因为本书正是这样的书。严格来说，本书是"入门的入门"，因此叫作入门书或许并不恰当。不过我们不要介意这些细节，还是一起来品味无差异曲线、最优解、剩余和纳什均衡等经济学的佳肴吧。

　　我在很多地方教过微观经济学课程，至今也仍然在教。除了在大学的课堂上，我还给政府机关和政策智囊团等做过培训。

　　基本上可以肯定，认为自己不擅长微观经济学的人不在少数。我也十分理解其中的原因：很多人会在计算微分时受阻，或是看不懂那些形状像由许多狭小海湾呈锯齿状交错构成的下沉海岸一样复杂的图示。

我自己也曾经有过类似的经历。本科时有一门类似微观经济学的课程，其中出现了一个"垄断企业的利润函数"。当时我虽然并不怎么热衷于学习，不知为什么这门课却下了决心一定要学好，所以总是按时去上课并拼命记笔记。然而在教授对这个函数进行微分时，我却无论如何也跟不上他的思路，仿佛整个教室里只剩下我自己孤零零的一个人。现在回想起来，教授用的应该是复合函数的微分。可我却在那一刻失去了动力，之后便再也没去上过这门课。

后来，我因为命运的阴差阳错，竟然从事了教授微观经济学的工作。其中的缘由可能要比当年那门课上的微分更加令人费解。既然事已至此，我便希望我的学生们不要像过去的自己一样。我可以确定地说，微观经济学十分简单易懂，不需要任何基础知识，也非常容易掌握。

现代经济学当中，任何应用领域的知识都是建立在微观经济学的基础上的。可以说，微观经济学的坚实与简单使其可以成为基础，又因为它就是基础，所以不需要任何基础知识就能学会。学不好微观经济学，进一步深入学习经济学就有很大困难。许多人都在学习微观经济学的过程中因复杂的计算和图示而受挫。我认为就此放弃十分可惜，而且也是社会的损失。

这本书正是为了减少这些损失而写的。

从整体上看，本书具有以下3个特点。

首先是没有公式和构造复杂的图示。虽然偶尔也有需要计算的内容，但其难度都属于小学二年级的水平。取代公式和复杂图示的，是大量简单的图示。虽然不作图也可以写成一本微观经济学的书，但我认为还是有图示更利于读者理解。因为在把文字说明转化为图示的过程中，人们常常可以"恍然大悟"，准确理解自己正在学习的内容。文字与图示的关系就像乐谱与音乐，二者结合起来可以加深理解，提升学习效率。

其次，就像这篇前言的风格一样，我会使用自己的语言来进行说明。相信读者们看了正文，一定就能理解我的意思。本书的语言风格可以让读者轻松地享受到阅读的乐趣。

第三，本书对教材的标准内容做了精简和概括。我自己也喜欢那种不会占用太多时间、可以轻松阅读的书。想学习微观经济学的读者们也一定还有很多其他想做或不得不做的事情，所以我希望本书能够帮您实现时间分配的最优化。

微观经济学根据个体消费者和企业等微观的经济主体来

分析宏观市场及相关政策的效果。本书也是从微观的经济主体开始，逐渐过渡到宏观的市场变动等内容。我在每一章的第一页都对这一章在整本书中的作用做了介绍。下面谈谈本书在结构上的 3 个特点。

第一点是关于博弈论的应用方法。博弈论研究的是人类策略行为，对现代微观经济学来说是不可或缺的内容，大部分教科书都会在后半部分单独成章来介绍博弈论。不过本书则根据相应章节的需要，将博弈论的相关内容灵活穿插在了全书之中。在如今的经济学中，博弈论已经像空气一样成为理所当然的存在，所以我认为本书的做法可能更为恰当。

第二点是本书还涉及了医疗保险和税收等当今社会的各种问题，希望可以借此帮助读者们从理论的层面来更好地洞察现实。

第三点是我在最后一章讨论的贫富差距和贫困问题。说到底，经济学是研究金钱的学问。如果不在社会财富纵向积累的同时，去研究如何做到横向的平等，经济学作为经世济民的学问便会显得有失均衡。

那么前言就写到这里，接下来就请翻开本书，开始学习和了解微观经济学吧。相信您不必花费太多时间就能轻松地读完全书，那时便已经完全掌握这门学问的基础知识了。

目录

前言 1

第1章 无差异曲线 1

什么是"无差异" 3

只喝百事可乐的父亲 12

介于我和父亲之间的普通人 14

右脚的鞋与左脚的鞋（互补关系） 16

典型的无差异曲线 18

第2章 预算线与最优化 23

买得起的东西 25

预算线的画法及其性质 27

在预算线上进行最优化 31

在医疗保险政策中的应用 35

第 3 章　需求曲线　43

　　最优解是会变的　45

　　消费者剩余　47

　　垄断者如何设定价格　51

　　伯特兰德价格竞争　52

　　什么是弹性　56

　　吉芬商品　57

第 4 章　供给曲线　61

　　边际成本递增　63

　　什么是最优解　67

　　画一条供给曲线　69

第 5 章　市场均衡　71

　　市场均衡　73

　　社会总剩余　76

　　实行从量税时的市场均衡　80

　　针对指定商品征税为什么不好　84

第 6 章　外部性　87

　　负外部性与庇古税　89

正外部性　93

　　网络外部性与协调博弈　94

第 7 章　垄断与寡头垄断　101

　　减产导致的价格上涨　103

　　遏制进入　106

　　扩展式博弈　109

　　古诺寡头垄断市场　112

第 8 章　风险与保险　117

　　未定商品　119

　　不确定性　120

　　风险爱好与风险中立　124

　　保险公司与风险溢价　126

　　逆向选择　128

第 9 章　公共产品　131

　　商品的四种分类　133

　　公共产品的自发供给　137

第 10 章　再分配　141

　　收入再分配　143

基尼系数　145

　　对累积收入分布的补充说明　148

　　绝对贫困和相对贫困　151

　　市场、收入差距和贫困　152

推荐阅读　155

后　记　161

出版后记　163

第 1 章

无差异曲线
把人们的偏好画成图

第 1 章和第 2 章将介绍有关个体消费者的背景知识。个体消费者是市场中进行决策的基本单位，也就是微观的存在。在第 1 章，我们会将消费者对于各种商品的偏好，用无差异曲线来进行图示。不同个体和不同商品会形成不同的无差异曲线。本章的目的是帮助读者学会画典型的无差异曲线。

什么是"无差异"

　　我喜欢喝可乐。

　　无论哪种品牌的可乐我都喜欢。特别是在炎热的日子、跑步之后，或口干舌燥的午后，我总是倒上满满一杯可乐，然后一饮而尽。又或者在教室里、车站站台上、街角的自动售货机旁，无论是罐装可乐、玻璃瓶装可乐，还是塑料瓶装可乐，开启容器时那"扑哧"一声，总是能让我怦然心动。我可不管它是可口可乐还是百事可乐，只要有那甜甜的、带着碳酸的刺激的香味，哪个牌子都无所谓。

　　从现在开始，我们就从可口可乐和百事可乐开始，走进微观经济学的世界吧。第一个课题是我对可口可乐和百事可乐的偏好。至于为什么把这个作为课题，是因为我不太了解别人，但对自己总该比较了解。另一个原因是我对可口可乐和百事可乐的偏好非常简单易懂。

微观经济学需要根据个人等微观主体的行为，来分析市场或政府等宏观主体的举措。因此如何讨论个体行为，密切关系到如何构建这门学问的基础。在这里，我要介绍一下"无差异曲线"，它对于讨论个体行为来说十分方便，所以我以自己对可口可乐和百事可乐的偏好作为题材来讨论这个问题。

首先要重点强调的是，对于我来说，1瓶可口可乐和1瓶百事可乐总是具有相等价值的。为什么会这样我也不太清楚，可能是我的味觉和生活习惯等决定了这个事实。

因此，如果有谁想送给我一箱可乐，那么他不必烦恼是送可口可乐好还是百事可乐好，也不必烦恼以什么比例将二者混在一起更好。他只需要关注数量，数量越多我就越开心。最重要的是一共有多少瓶可乐，其中有多少可口可乐和多少百事可乐都不成问题。

让我们再详细地考察一下我对可口可乐和百事可乐组合的偏好问题。我们要考虑的不是只有可口可乐或只有百事可乐，而是可口可乐和百事可乐的"组合"，这一点是关键。除了可口可乐和百事可乐之外，人们对于各种不同商品的组合的喜好程度都可以称作偏好（preference）。

"1 瓶可口可乐和 2 瓶百事可乐"是一种组合，我们把它叫作 A。当然除此以外，还存在其他各种各样的组合，比如我们可以把"2 瓶可口可乐和 1 瓶百事可乐"的组合称为 B。

要说我更喜欢 A 还是更喜欢 B，因为我只在乎一共有多少瓶，所以我对二者的喜好程度是相同的。在经济学中，偏好程度相同叫作无差异（indifference）。对于我来说，A 和 B 是无差异的。

接下来，我们把"0 瓶可口可乐和 3 瓶百事可乐"的组合叫作 C。这个组合中完全没有可口可乐，只有 3 瓶百事可乐。然后我们再把与其相反的"3 瓶可口可乐和 0 瓶百事可乐"的组合叫作 D。因为我只在乎一共有多少瓶，所以 C 和 D 都与 A 或 B 无差异。对我而言，可口可乐和百事可乐是可以任意替换的，这种关系叫作（完全）替代（substitution）关系。

现在来把我的偏好画成图。画图的方法，是把多个无差异的点连成线。通过这样的图示，可以从视觉上看到对于我来说什么与什么是无差异的，什么与什么不是无差异的。

除了此处，本书在后文也使用大量的图示。至于为什么要画成图示，一是因为画图的过程本身可以加深理解，二是因为图示更便于进行之后的各种分析。

在社会科学的诸多学科之中，经济学是最经常用到数学的。原因很简单：在经济学的研究对象中，有许多像商品的数量、价格、成本等需要用数字表示的东西。相比之下，政治学、哲学等以探索社会本质、精读经典文本为主的学科，就没办法使用经济学的研究方法。

数学是一种特殊的语言，侧重于清晰的逻辑推论。灵活运用数学，可以使逻辑更清晰，避免错误，十分方便好用。所以经济学中有很多分析需要列出公式来解决问题。19世纪上半叶法国数学家古诺（Cournot）发表了对寡头垄断市场的研究，对19世纪下半叶的经济学以及20世纪中叶博弈论的发展都产生了很大影响。在这些理论的发展过程中，数学公式都扮演了重要角色。

不过，本书几乎没有使用任何公式。说到在没有公式的情况下，如何考察需要数理分析的对象，那就是通过图示来理解了。即使是喜欢运用数学解决问题的经济学家，也经常先通过作图来理解分析对象，然后再用公式来表示从图中得到的直观结论。

很多问题用平时所说的话表达出来，我们还以为自己已经理解了，在作图的过程中，又经常发现自己其实并没有全懂。还有些时候，成功画出图示之后，我们还能从图中找到新的发现,惊呼"原来如此"。总而言之,画图对于理解问题和深入思考都非常有效。

同时阅读文字和图示,在最初可能有些麻烦。不过这个过程其实很简单,相信您很快就可以习惯。用这种方法来学习微观经济学可以事半功倍,希望读者们都能主动去习惯。

接下来我们就开始作图吧。

在图1-1中,各点表示"可口可乐与百事可乐的组合",横轴代表可口可乐的数量,纵轴代表百事可乐的数量。比如组合A"1瓶可口可乐和2瓶百事可乐",在图1-1中就是点(1,2)。

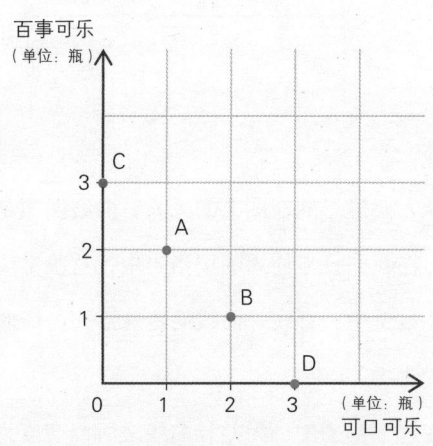

图1-1 可口可乐和百事可乐的组合

对于我来说，A、B、C、D 都是无差异的。我们把这些无差异的点连起来，由无差异的点连成的线叫作无差异曲线（indifference curve）（图 1-2）。

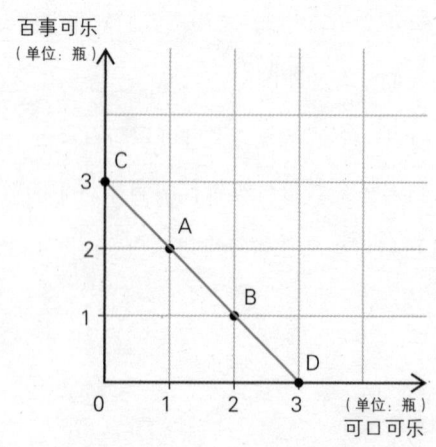

图 1-2　将 A、B、C、D 连接成我的无差异曲线

也许有人要说，现在图上的无差异曲线明明是直线，而不是曲线。在我们日常使用的词语当中，这确实应该叫作直线。不过在数学中，直线是曲线的特殊形式，因此我们也将直线叫作"曲线"。

其实在这个例子中，无差异曲线之所以会成为直线，是因为我的偏好比较特殊，我认为可口可乐和百事可乐完全相同。假如我的偏好不是这样,无差异曲线应该会在某处是弯曲的。

比如如果有人认为"3瓶可口可乐""可口可乐和百事可乐各1瓶"以及"4瓶百事可乐"无差异,也就是说这个人认为(3,0),(1,1)和(0,4)是无差异的。将这3个点连起来,我们会发现这个人的无差异曲线在(1,1)处是弯曲的(图1-3)。

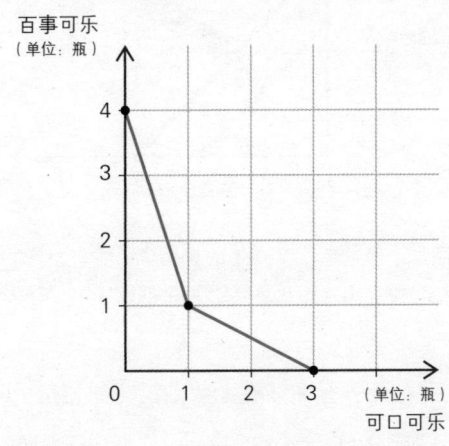

图1-3 在点(1,1)弯曲的某个人的无差异曲线

我的无差异曲线并非只有一条。比如对于我来说,"0瓶可口可乐和2瓶百事可乐""1瓶可口可乐和1瓶百事可乐"

以及"2瓶可口可乐和0瓶百事可乐"也是无差异的。因此将（0，2），（1，1）和（2，0）连起来的线也是我的无差异曲线（图1-4）。

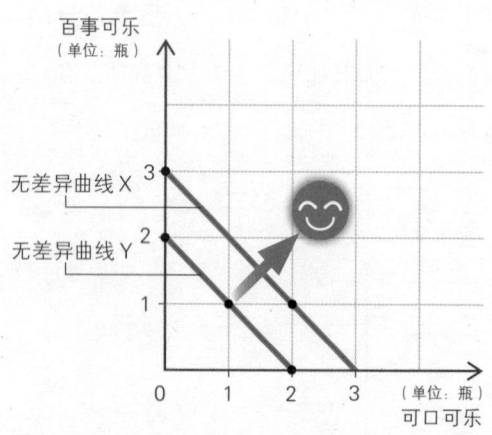

图1-4 添加了经过点（0，2）的无差异曲线Y。与Y上的点（0，2）相比，我更喜欢X上的点（2，1）

实际上我的无差异曲线有无数条。比如连接（0，5）和（5，0）的直线，连接（0，6）和（6，0）的直线，以及位于更上方的无数条直线（图1-5）。

因为瓶数越多我就越开心，所以越上方的无差异曲线要比下方的无差异曲线更受我的喜爱。比较通过（0，3）的无

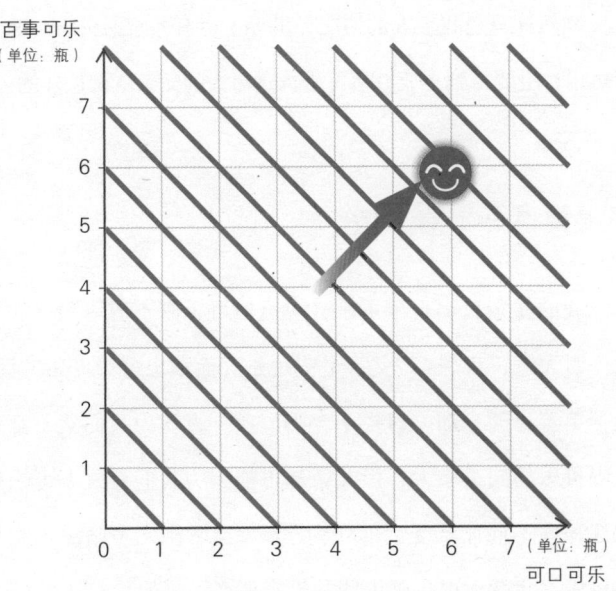

图 1-5 我的无差异曲线实际上有无数条

差异曲线 X 和通过（0，2）的无差异曲线 Y，我对 X 上的任意一点的喜爱程度都要高于 Y 上的任意一点。例如在 X 上的（2，1）和 Y 上的（0，2）之间，我更喜欢的是（2，1），而不是（0，2）（图 1-4）。

从交换的角度来说，这个现象可以解释为：我不会接受别人的建议，用我的 2 瓶可口可乐与他的 1 瓶百事可乐交换。因为如果接受了这个交换，我如今拥有的（2，1）就会变成（2-2，1+1）=（0，2），而我不喜欢这种改变。

当然这只是我个人的情况,世界上也有人宁愿失去 2 瓶可口可乐,也要得到 1 瓶百事可乐。碰巧我的父亲就是这样的人。

只喝百事可乐的父亲

我的父亲只喝百事可乐,对可口可乐则不屑一顾。如果我一时大意,只想着"父亲爱喝可乐"而拿出可口可乐的话,他会笑着道谢,却一口也不会喝。我一直认为我们父子都是爱喝可乐的同道中人,但父亲却可能因为我们对百事可乐的偏好程度不同而感受到"代沟"。每当看到父亲坚决不喝可口可乐,我就觉得自己可能并没有那么了解他。

学习经济学最重要的一点,就是要知道我们不了解其他人。

举一个最简单的例子,就是我们很难选到别人喜欢的礼物。好意送给别人礼物,却是对方"根本不想要的东西"而让人失望,又或者收到了别人的礼物,但因为不是自己想要的东西而失望,这种情形在世间毫不稀奇。可能你也曾有过类似的经验,收到礼物时觉得"与其送我这种东西,还不如直接把钱给我",或者说不定你的礼物也曾让别人产生类似的想法呢。

与政府统一进行分配的体制相比,自由市场更有利于实现符合人们偏好的资源配置,上面的例子也与此有关。例如即使把可口可乐分配给我的父亲,对于他来说也没有任何价值。然而一般情况下,政府并不了解这一点。

为了避免浪费可口可乐,父亲必须事先告诉政府"我只喜欢百事可乐,不需要可口可乐"。不只是他,我也应该事先告诉政府"分给我可口可乐或者百事可乐都可以"。如果不能让所有人都事先把自己的偏好告诉政府,在分配的过程中,便会产生资源不符合个人偏好的浪费现象。

此外,饮料并不是只有可口可乐和百事可乐。光是碳酸饮料,就有胡椒博士(Dr Pepper)、七喜和三矢苏打等多得数不过来的品牌。把自己对所有这些饮料的偏好全都事先通知政府显然不太现实。如果真要这样做,将会带来巨大的工作量,而且即使大家不怕麻烦真的这样做了,政府恐怕也无法处理如此大量的信息。

再说,在无法满足人们的多样化偏好的配给制经济体制中,能否开发出种类繁多的碳酸饮料来满足人们的多样化偏好,这本身也值得怀疑。

这样看来,与中央集权的配给体制相比,自由市场允许人们根据自己的喜好进行买卖,似乎能更好地进行资源的分配。人们不必把自己的偏好一一告诉政府,再苦等大量高难度计算得到的结果后进行的分配。在市场上，人们可以只买自己想要的，不想要的不买就行了。喜欢百事可乐的父亲，也可以自己到市场上购买。我父亲的无差异曲线是一条水平直线，只体现百事可乐的数量变化（图1-6）。

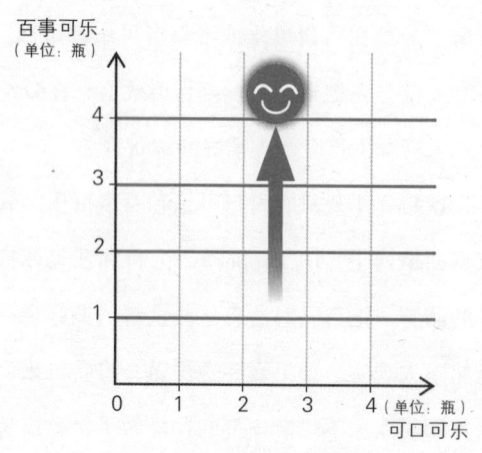

图 1-6　父亲的无差异曲线

介于我和父亲之间的普通人

对于我来说，可口可乐和百事可乐的价值完全相等，对于父亲来说，只有百事可乐才具有价值，可以说我们两个人的偏好都属于极端情况。那么，不像我们这样极端，比我们更普通一点的人,又有着怎样的无差异曲线呢。接下来我们来画一些介于我的无差异曲线和父亲的无差异曲线之间的线。说了这么多,都是为了向大家介绍怎样画出普通的无差异曲线。为了实现这一点,前文先列举了我和我父亲的实例,来解释什么是无差异曲线。

首先我们来看"适度的"百事可乐爱好者,也就是"更喜欢百事可乐,不过可口可乐也还行"的人们。例如图1-7,这些无差异曲线相当于把我的无差异曲线变得更平一些,更接近父亲的无差异曲线。也就是说,这些无差异曲线,正是介于我和父亲的无差异曲线之间。通过这条线我们可以得知,对于这个人来说,"2瓶可口可乐和1瓶百事可乐总是无差异的"。

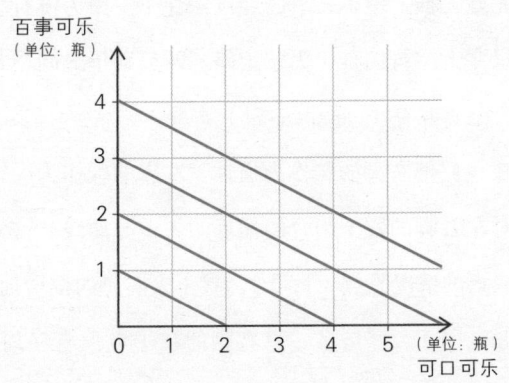

图1-7 "适度的"百事可乐爱好者的无差异曲线

右脚的鞋与左脚的鞋（互补关系）

对我而言，可口可乐和百事可乐是完全替代关系。那么还有哪些东西与之截然相反，完全不存在替代关系呢。我们可以举右脚的鞋和左脚的鞋为例子。

你有没有遇到过只有一只鞋不能再穿了的情况呢？比如只有右脚的鞋破了一个洞，或是鞋底严重磨损，又或是其他地方严重受损等。

我遇到过这种情况。我有一双颜色特别漂亮的运动鞋，右边一只不小心弄脏了。我在清洗脏处时，一时大意用了含氯的漂白剂，结果把漂亮的蓝鞋子洗得面目全非。

可是这种情况下，左脚的鞋应该如何处置呢。虽然左脚的鞋还完好无损，但也几乎已经没法穿了。因为没有了右脚的鞋，只穿上左脚的鞋也无法走路。两只鞋子之间是互相补充的（完全）互补（complement）关系。

现在我们把右脚的鞋作为横轴，左脚的鞋作为纵轴，画出表示对左右脚的鞋子组合的偏好的无差异曲线。首先，二者各有一只的情况是点（1，1）。接下来右脚的鞋增加一只，变成了（2，1）。可是多一只右脚的鞋子也没有任何用处，所以（1，1）和（2，1）是无差异的。在此基础上，再增加一只右脚的鞋得到点（3，1），但同样没有任何用处，所以（3，1）和（2，1）也是无差异的（图1-8）。

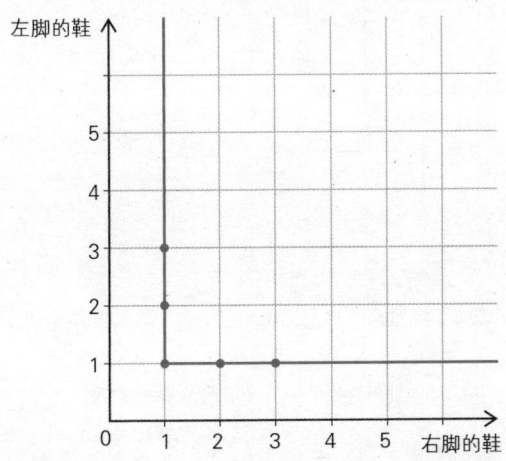

图1-8　经过点（1，1）的无差异曲线。具有完全互补关系的商品的无差异曲线呈L字形

再进一步说，最初的状态(1,1)与增加一只左脚鞋的(1,2)、再增加一只左脚鞋的（1,3）也是无差异的。同样，我们还可以画出经过点（2,2）和点（3,3）的无差异曲线（图1-9）。

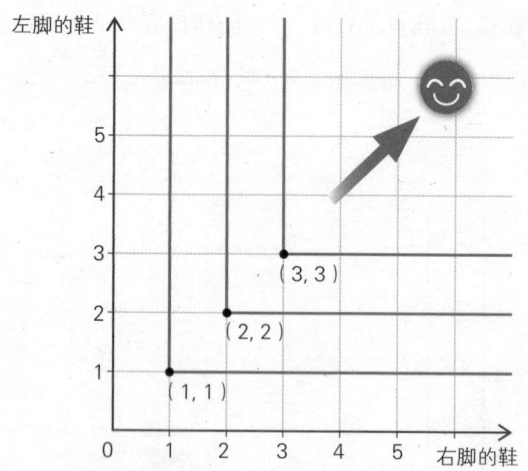

图 1-9 增加了经过点（2，2）和（3，3）的无差异曲线

要注意，这是"典型的人们"的无差异曲线。对右脚有疾患，只需要左脚鞋子的"非典型的人们"来说，他们与只喜欢百事可乐的父亲具有同样形状的无差异曲线。父亲的无差异曲线只体现百事可乐的变化，而这类人的无差异曲线只体现左脚的鞋的变化。

典型的无差异曲线

对我来说，可口可乐和百事可乐存在完全替代关系，而左右脚的鞋则是存在必须配套使用的互补关系。完全符合以上关系的两种商品其实并不多见。

大多数情况下,两种商品可能只是在一定程度上具有替代性或者互补性。就拿面包和咖啡来说,虽然早餐时既想吃面包又想喝咖啡,可即使二者之中只有一种,也总比什么都没有好。再比如钱和空闲时间,人们也是希望能够二者兼得,因为一直休假的话便没有钱生活,只顾工作又不利于身心健康。我们需要健康的饮食,也需要工作和闲暇之间相互平衡。许多时候,人们更喜欢能够形成某种平衡的商品组合。

图1-10和图1-11还是我对可口可乐和百事可乐的无差异曲线(直线),以及我对左右脚鞋子的无差异曲线(形成直角的折线)。而图1-12所示的则是介于二者之间的无差异曲线。因为介于直线和L形直角折线之间,它呈现出圆滑的曲线状。也就是说,典型的无差异曲线,既不是完全替代关

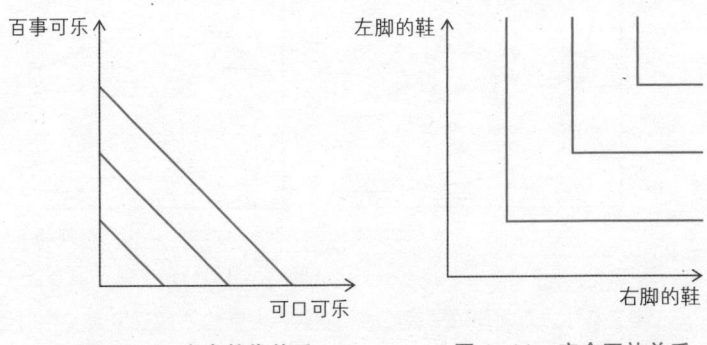

图1-10 完全替代关系　　　图1-11 完全互补关系

系也不是完全互补关系,是像图 1-12 所示的圆滑曲线。

这样一来,无差异"曲线"的名称就再合适不过了。实际上,典型的无差异曲线不是直线,而是曲线。用可口可乐和百事可乐的例子来说,直线的无差异曲线只能表示极为简单和有规律的偏好,比如像我一样认为"可口可乐和百事可乐总是等价",或者像父亲一样认为"只有百事可乐才有价值",以及像图 1-7 一样认为"2 瓶可口和 1 瓶百事总是等价的"。恐怕大多数人的偏好都不会这么简单和有规律吧。

无差异曲线体现了人们对商品组合的偏好。当然不同的人会有不同的偏好。比如图 1-13 的无差异曲线体现了某个人的偏好,这个人喜欢 A 超过 B,对 B 和 C 则是同样喜欢。

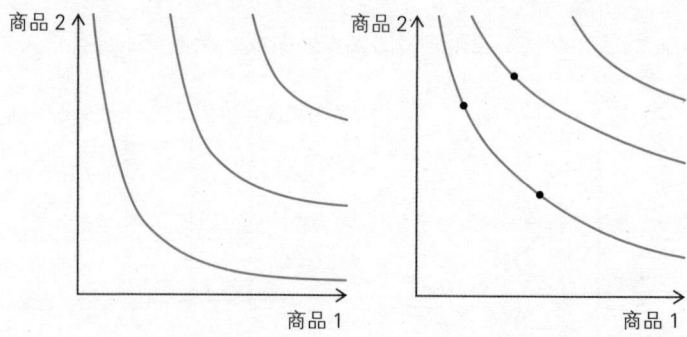

图 1-12 介于完全替代关系与完全互补关系之间的更普通的无差异曲线

图 1-13 某个人的无差异曲线。他喜欢 A 超过 B 和 C,对 B 和 C 的偏好程度相同

因为 A 的无差异曲线位于 B 的无差异曲线上方,而 B 和 C 则在同一条无差异曲线上。

　　人们的偏好多种多样,因此曲线的形状也各有不同。即使是同一个人,不同无差异曲线也可能呈现出不同的弯曲性状。图 1-14 就是一个这样的例子。经过点 A 的无差异曲线和经过点 C 的无差异曲线形状完全不同。这幅图就是本章的终点,接下来我们再通过它来复习一下重点吧。

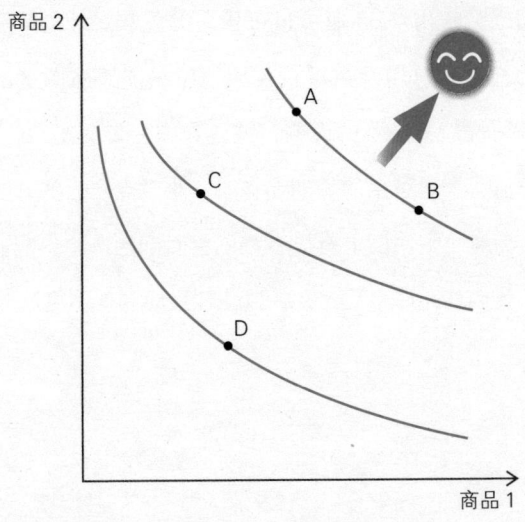

图 1-14　体现某个人的偏好的无差异曲线。虽然图中只画了 3 条,但其实图中应该存在无数条这个人的无差异曲线。鉴于曲线太多不便于读者理解,所以只根据需要画了 3 条

- 同一条无差异曲线上的点，对这个人来说是无差异的。比如点 A 和点 B 是无差异的。
- 位于上方的无差异曲线上的点代表喜爱程度更高。比如与点 C 相比，这个人更喜欢点 A（或点 B），与点 D 相比更喜欢点 C。

最后是技术上需要注意的问题。前文我们说"2 瓶可口可乐""3 瓶百事可乐"，都是用整数来表示商品数量的。后文我们也会使用"2.5 瓶可口可乐"等整数之外的数字。这是因为，如果只用整数进行说明，就只能关注图上的刻度点，必须增加不必要的说明，并让作图变得更复杂。此外，在考虑消费大量可乐的长期趋势时，小数点之后的"0.5 瓶"数量极为微小，实际上有没有都不会对问题产生影响。既然这样，我们就允许小数存在，以便让说明和作图更简单。

第 2 章

预算线与最优化
能买什么与想买什么

在第 1 章，我们用无差异曲线结合图示介绍了消费者的偏好。第 2 章将继续结合图示来介绍消费者"能买什么"和"想买什么"的问题。能买什么取决于自己的收入和商品的价格。至于想买什么，则是指在收入和价格允许的范围内，选择自己最喜欢的商品。通过第 2 章的学习，我们将会完成对个体消费者背景知识的介绍。

买得起的东西

把预算什么的都抛到脑后，挥金如土、一掷千金的感觉估计谁都喜欢。可是真的这样做了，生活就会很快陷入困境。因此人们才会关注预算有多少，才会关注价格。人们在购物时，总是在思考。且不论客观看来是否做出了明智的选择，人们面对自己心中的欲望，总是不断思考着的。其结果便是人们选择购买一些东西，而放弃另一些东西。

这一章将要介绍的，就是人类的选择行为。在有限的收入下，人们会选择购买哪些商品呢？接下来我们便结合图示，为之后的经济分析构建基础。

购买商品的个人叫作消费者（consumer），可供其使用的钱叫作收入（income）。为了便于计算，我们假设他的收入是 6 日元。如果有哪位读者认为 6 日元太少的话，也可以在心里把后文出现的所有数字都变成若干倍。比如 6 日元的 1 万亿倍是 6 万亿日元，那生活就可以相当奢华了。

我们假设需要购买的商品有面包和咖啡 2 种。面包的价格是 1 日元 1 个，咖啡的价格是 2 日元 1 杯。刚才在心里将收入变成 6 万亿日元的人，现在可别忘了把面包的价格变成 1 万亿日元，咖啡的价格变成 2 万亿日元。就算收入有 6 万亿日元，可是商品价格这么高的话，根本过不上什么奢华的日子，所以还是不用把收入变成 1 万亿倍了。购物时最重要的是收入和价格的相对比例，而不是收入和价格的绝对数值。即使工资增加一倍，可如果物价都变成了原来的 2 倍的话，生活还是不会发生任何变化。接下来我们要画的预算线，尤其可以帮助读者理解这一点。

为了简化说明，假设我们将所有收入都用来购物，然后把这种花光所有收入的购物叫作符合预算。现实中恐怕大多数人不会花光自己的所有收入，我们也可以把剩余的部分视作"用于储蓄"。也就是说，消费者实际上将自己的所有收入用于购物和储蓄。所以我们假设只有面包和咖啡这 2 种商品，也完全可以掌握问题的本质。因此，我们只考虑面包和咖啡，假设消费者将所有收入用来购买这 2 种商品。

他可以将 6 日元的收入全部用来购买面包，也可以全部用来购买咖啡。同时他也可以选择购买二者的组合，可能现实中这样选择的人会更多吧。

让我们先来考虑符合这位消费者预算的面包咖啡组合。将这些点画在图上会是什么样呢。从结论来说，把这些点连起来可以得到一条直线。反过来说，这条直线上所有的点都代表符合预算的面包咖啡组合。这条线叫作预算线（budget line）。这里的重点在于，预算线是一条直线而不是曲线。下面我们就通过作图来确认一下。

预算线的画法及其性质

在所有符合预算的购买方式中，我们首先来考虑最简单的模式，即只购买面包或只购买咖啡。

只购买面包的话，收入是 6 日元，价格是 1 日元，因此最多可以买 6 个。此时的咖啡数量为 0。图 2-1 中点 A（6，0）便代表了这种情况。只购买咖啡的话，收入是 6 日元，价格是 2 日元，最多可以买 3 杯咖啡。此时的面包数量为 0。图 2-1 中点 B（0，3）代表了这种情况。

接下来我们再看看不这么极端的购物方式，比如 2 个面包和 2 杯咖啡的组合。2 个面包需要 2 日元，2 杯咖啡需要 4

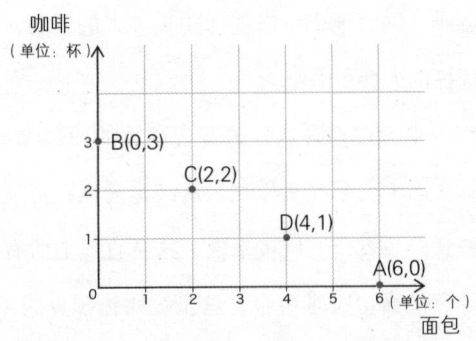

图 2-1　点 A、B、C、D 都是符合预算的购物

日元，刚好符合 6 日元的收入。图 2-1 中点 C（2，2）代表这种情况。此外，4 个面包和 1 杯咖啡的组合也符合预算。4 个面包需要 4 日元，1 杯咖啡需要 2 日元，刚好符合 6 日元的收入。图 2-1 中点 D（4，1）代表这种情况。连接点 A、B、C、D，我们便可以得到一条直线（图 2-2）。

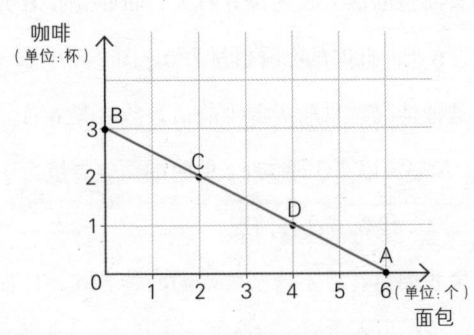

图 2-2　连接点 A、B、C、D 形成预算线

符合预算的购买方式并不只有 A、B、C 和 D，连接这 4 点的线上的任意一点都符合预算。例如点（3，1.5），3 个面包的价钱是 3 日元，1.5 杯咖啡的价钱是 3 日元，加起来是 6 日元，说明（3，1.5）也符合预算。由此我们可以知道，这条直线就是预算线。下面介绍预算线的 3 个特点。

第一个特点是，位于预算线上方的点表示购买超出预算，而下方的点则表示预算会有剩余（图 2-3）。例如位于预算线上方的点（3，2），3×1 日元 +2×2 日元 =7 日元，超出了预算。又比如预算线下方的点（3，1），3×1 日元 +1×2 日元 =5 日元，预算有剩余。

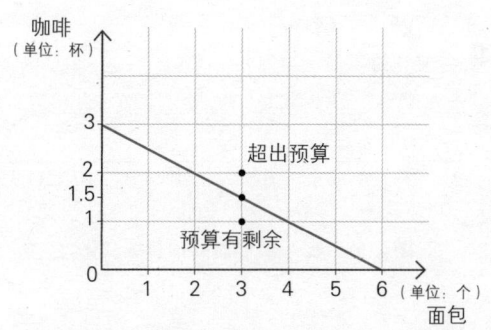

图 2-3　预算线上方的点超出预算，预算线下方的点预算有剩余

第二个特点是，收入增加时预算线会向右上方移动。假设收入变成了之前的2倍，也就是12日元。此时可以购买的商品数量变成了之前的2倍。只买面包的话可以买12个，即图2-4中的点（12，0）。如果只买咖啡的话可以买6杯，即图2-4中的点（0，6）。连接这两点得到的直线，就是收入倍增时的预算线，它向右上方上升了。

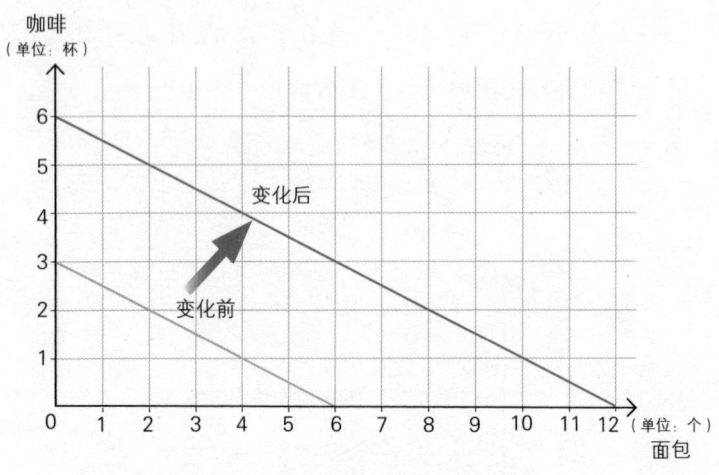

图2-4　收入倍增时的预算线变化

第三个特点是，收入和价格等倍增加时预算线不变。假设收入变成之前的2倍，即12日元，而面包和咖啡的价格也分别变成之前的2倍，即2日元和4日元。这种情况下预算线不会发生变化。因为点（6,0）表示只买面包的情况，点（0,3）表示只买咖啡的情况，连接这两点会得到与原本一致的预算线。

正如前文介绍的，如果收入与物价同时翻倍，可以购买的商品不会发生任何变化。所以不论是变为2倍还是变为1万亿倍，这个道理都是一样的。

在预算线上进行最优化

在符合预算的商品组合当中，消费者会如何选择呢？接下来我们就用预算线和无差异曲线来考察这一问题。

现在假设有一位消费者，他的偏好如图2-5的无差异曲线所示。我们还和前文一样，假设面包价格是1日元，咖啡价格是2日元，他的收入是6日元。从结论来说，这位消费者最终会在符合预算的组合当中选择对自己来说最好的（4,1）。

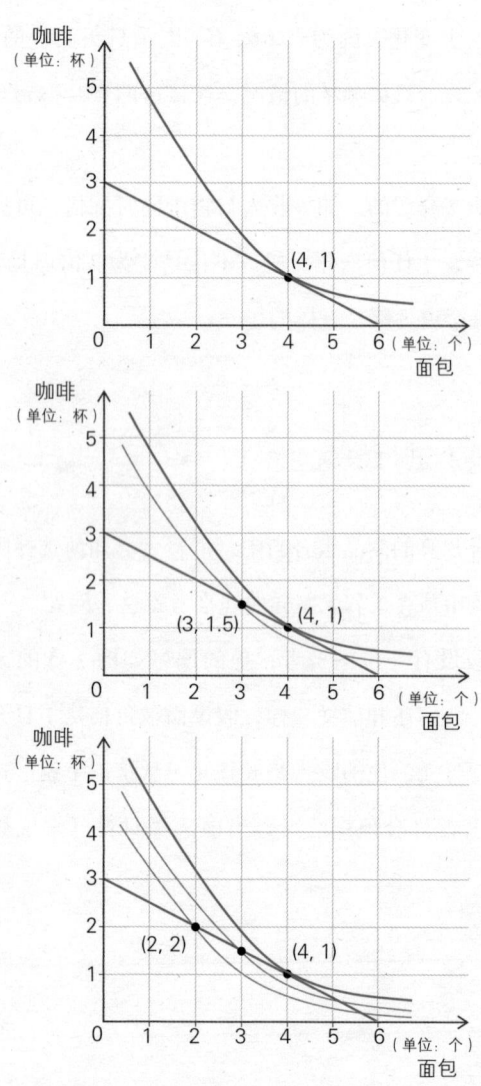

图2-5 无差异曲线与预算线相切的点(4,1)为最优解

为什么这一点是最好的呢。因为与预算线上的其他点如（3，1.5）相比，经过点（4，1）的无差异曲线要位于更上方。同样，与预算线上的点（2，2）相比，经过点（4，1）的无差异曲线也位于更上方。与预算线上其他所有的点相比，经过点（4，1）的无差异曲线都位于最上方。像点（4，1）这样，符合预算的消费组合当中的最好组合叫作最优解（optimal solution）。

观察图 2-5 可以发现，经过点（4，1）的无差异曲线的特征，在于与预算线完美相切于点（4，1）。由于无差异曲线因人而异，最优解也会因人而异。我们举例的这位消费者的最优解是（4，1），只是因为他的无差异曲线与预算线偶然相切于点（4，1）。而对于无差异曲线与预算线相切于点（2，2）的人来说，（2，2）就是最优解。

最优解之所以"最优"，是因为对消费者来说，在所有可以选择的选项当中，这一点是他最喜欢的。然而，这个最优解并不意味着就一定是明智至极的选项。假设某位消费者是个酒鬼，那么对他来说的最优解可能就是选择将所有收入都用来买酒。也就是说，此处的"最优"，归根结底只是消费者这一时点在主观上认定的最优。

经济学上一般将这种意义上的最优选择称为理性选择

（rational choice）。虽然"理性选择"听起来似乎就是消费者在冷静状态下做出的最正确且最明智的选择，但它在经济学上通常并不包含这层意义。

经常有人会对经济学提出批判，认为"现实中的消费者未必会像经济学所假设的那样明智"。然而，正如前面介绍的，这种观点完全是出于误会。如果说经济学真有一些值得批判的地方，倒不如批判它"明明消费者做出的选择在外人看来愚蠢至极，却完全不去阻止他"或许更恰当一些。

收入与价格决定预算约束，消费者在此基础上按照前面介绍的过程来选择最优解。至少在基础层面的经济学上，我们可以这样理解消费者的行为。也就是说，"购买自己想要或是需要的商品"（不买不想要或不需要的商品），可以视为消费者做出选择时的原则。当然，其前提条件是，其购买偏好由消费者本人自己来判断。

有些读者可能认为自己所做的选择还没有好到可以称为"最优"的程度。他们觉得自己总是一不小心就买了一些没用的东西，或是随随便便就做了选择。说不定还有些读者就是因为这个原因才购买了我这本书，那可真是太感谢你们了。

不过即使是这样的人，在走进便利店、超市或者书店时，应该也会尽力在自己的预算范围内考虑商品的价格来选择自己想要的东西。毕竟便利店、超市或者书店里的商品有成千上万种，多到让人目不暇接。如果真买了不需要的东西或是随便挑选，你的购物篮里的东西恐怕就全都是自己不需要的了。想象一下，如果要在数不胜数的商品中用转转盘的方式来随机决定购买什么，你就会意外地发现，自己其实还是在预算范围内选择了自己喜欢的东西。

在医疗保险政策中的应用

接下来我们用预算线上的最优化来进行简单的政策分析。

日本实行全民保险制度，所有国民都必须加入医疗保险或类似组织。患者接受医疗服务时，自己只需要负担部分费用。2013 年，日本国民医疗费超过了 40 万亿日元，其中个人负担部分大约为 5 万亿日元（数据来源：厚生劳动省平成 25 年度国民医疗费概况）。

上班族及其家人的医疗费一般需要由个人负担 30%。也就是说，患者在医院要支付医疗费的 30%，然后患者所属的医保组织会向医院支付剩余的 70%。医保组织的资金来自保险费和税金。

医保组织向医院支付医疗费中的 70%，意味着给付患者

70%的医疗服务,这种方式叫作实物给付。而向患者支付"不限定用途的慰问金"的方式叫作现金给付。我们来对二者加以比较。慰问金当然也可以用作医疗费。商业保险公司的医疗保险一般是在患者罹患特定疾病时,向其支付一笔保险金,这种方式属于现金给付。

接下来我们就在政府的全民保险制度的框架内对实物给付和现金给付进行比较。我们可以假设有"医疗服务"和"现金"这2种商品。也许有读者会对把"现金"叫作商品感到有些别扭,那么我们也可以将它看作"用于医疗服务之外的现金"。

现在,假设有个人,收入是30日元。方便起见,我们就给他取名叫次郎吧。假设,1单位医疗服务的价格是10日元,次郎的个人承担比例是30%。也就是说,次郎在医院购买1单位医疗服务,自己支付的是3日元,剩下的7日元则由他参加的医保组织支付。因此,对于次郎来说,1单位医疗服务的价格是3日元。

接下来,我们假设次郎生病了,接受多少医疗服务由他自己决定。如果将30日元都用于购买医疗服务,最多可以获得10单位。如果完全不购买医疗服务,30日元的收入就会全部留在自己的手中。也就是说,次郎要在符合预算的(医疗服务,钱)的组合中选择一种。

我们可以画出次郎的预算线，寻找最优解。次郎的最优解就是预算线与无差异曲线相切的点。

图 2-6 体现了次郎的情况。横轴表示医疗服务，纵轴表示钱。将收入全部用于购买医疗服务的点是（10，0），完全不购买医疗服务的点是（0，30），连接这两点得到的便是预算线。在预算线上，次郎会选择最优解（8，6）。因为次郎需要承担医疗服务的 30%，因此要向医院支付 8×3 日元 $=24$ 日元，其余的 70% 也就是 8×7 日元 $=56$ 日元由医保组织向医院支付。

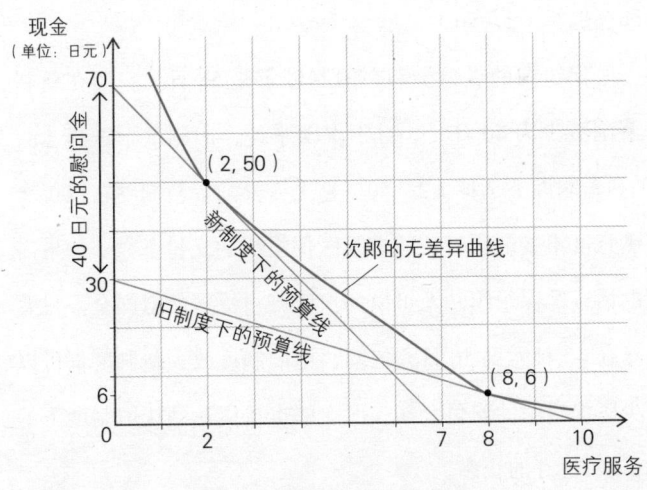

图 2-6　次郎的最优解在哪里？

我们来观察一下图 2-6 中次郎的无差异曲线。请大家注意：（8，6）和（2，50）是无差异的。

接下来，我们再来考虑如下的新制度。新制度规定，次郎个人负担所有医疗费，医保组织向次郎支付可以任意使用的 40 日元慰问金。在这种现金给付新制度下，次郎的预算线发生了变化。他的收入增加到 70 日元，而 1 单位医疗服务的价格上升为 10 日元。次郎的新预算线由全部收入用来购买医疗服务的（7，0）和完全不购买医疗服务的（0，70）两点连接而成。这条新预算线，与次郎的无差异曲线在（2，50）相切，这就是次郎的最优解。也就是说，在新制度下，次郎会选择（2，50）。

医保组织的支付金额在旧制度下是 56 日元，而在新制度下则减少为 40 日元。对于次郎来说，旧制度下选择（8，6）和新制度下选择（2，50）是无差异的。新制度在维持次郎满意度不变的同时，减少了医保组织的支付金额。如果需要的话，医保组织甚至可以向次郎支付更多的慰问金。只要金额在 40 日元到 56 日元之间，由旧制度改为新制度都可以减少医保组织的支付金额，而次郎也可以达到比旧制度下的（8，6）更好的状态。

通过以上讨论，我们可以得出如下观点：与实物给付相比，现金给付对医保组织和次郎都更为有利。然而问题并非如此简单。下面介绍肯定实物给付的3种论点。

（论点1）滥用制度

对于医保组织来说，比起支付给医院56日元医疗费，支付给次郎40日元慰问金更加划算。不过我们之所以能够得知选择支付40日元更划算，是因为在前面的分析中假设医保组织是知道次郎的偏好的。然而一般情况下，偏好都深藏在每个人的内心，医保组织无法得知每一个加入者的偏好。

如果医保组织问次郎"要支付给你多少慰问金，你才会自己负担全部医疗费"，次郎会诚实作答吗？也就是说，次郎会告诉医保组织"给我40日元的话我可以负担全部医疗费，因为有了这笔钱，我就可以选择与(8,6)无差异的(2,50)"吗？如果次郎趁机要求更多的慰问金，医保组织的财政状况并不会得到改善。

此外，支付不限制用途的慰问金，也可能出现为了得到慰问金而故意受伤的人。而在实物给付中则不会发生这种情况。也就是说，比起实物给付，现金给付制度更容易被人恶意滥用。

（论点2）民众的支持

即使不会发生（1）中所述的滥用问题，人们就会支持"向受伤或生病的人支付的金额虽然比本该花费的医疗费少，但却不限定用途"的现金给付制度吗？假设有人得了肺炎，却不用慰问金去看病，而是跑去老虎机店赌博，社会上的大多数人还对此会持宽容态度吗？如果有很多人无法接受这件事，在民主政治体制下，慰问金制度就难以成为现实的公共制度。所以问题并不在于用慰问金去老虎机店的做法违反了伦理道德，而在于大多数人不能接受的事情在民主制度下根本难以实现。

（论点3）需要原理

社会的目的在于满足人类共同的需要，这叫作需要原理。医疗服务可以说是人类共同所需的。因此，在有人受伤或生病时，社会理应通过实物给付给予其医疗服务。当然，这种想法的前提是要区分需要（needs）和欲望（wants）：任何人都需要医疗，因此医疗要由社会提供，而老虎机赌博则并不是这样。

利用预算线和偏好进行微观经济学分析，可以发现现金给付的优点。然而考虑到制度的滥用、民众的支持以及需要原理，则是实物给付要更好一些。仅仅通过这些讨论，无法判断现金给付与实物给付中哪一种在总体上更好。尽管如此，本章仍然能够帮助我们了解：微观经济学是十分有用的政策分析工具，以及仅仅使用微观经济学来分析政策是不全面的。

第 3 章

需求曲线
给定价格下的购买量

第 1 章和第 2 章介绍了有关个体消费者的背景知识。个体消费者是决策的基本单位，也是微观的存在。第 3 章将为我们提供一种工具，把个体消费者变为一个宏观的整体。这个工具就是需求曲线。需求曲线能够体现出在市场上，在一定的价格下，消费者们会购买多少商品。

最优解是会变的

　　我的研究生时代是在美国度过的。当时我在经济上十分紧张，有一段时期每个月就只有800美元来维持生活。这大概与在东京郊区用每个月8万日元来维持一个人的生活差不多。虽说也不是无法生存下去，但数额的确是太少了。学生宿舍的房租是380美元，电话月租费还要花掉20美元左右，只能靠着剩下的400美元勉强度日。

　　我所住的罗切斯特市位于美国屈指可数的大雪地区，每年有将近一半的日子都被白雪覆盖，总是乌云蔽日。罗切斯特市在纽约州的西北部，虽然与光鲜亮丽的曼哈顿只相距500公里，经济萧条后，市内中心地区的百货商店全都倒闭关门了，正可谓是只能一心向学的城市。研究生院的竞争十分激烈，成绩不好会被立刻要求退学，所以我总是紧绷着神经。

不过我喜欢喝咖啡。

在暴雪席卷的荒凉城市，在无论是眼前还是未来都笼罩在一片迷雾之中的日子里，我多希望至少能喝上一杯热腾腾的咖啡，忘掉心里的负担啊。然而我至今仍然清楚地记得，当时学校店铺的咖啡 1.5 美元一杯，可我一次也没有买过。

过了 2 年左右这样的日子，在即将花光所有留学费用的时候，我申请到了校内研究所的奖学金。

幸亏有了奖学金，我每个月的生活费上升到了 1200 美元。那时我最先增添的一项生活习惯就是在每天晚上离开学校之前买一杯 1.5 美元的咖啡。像那时我买的咖啡那样，消费量随着收入的增加而增加的商品叫作奢侈品（luxury good）。与之相反，消费量随着收入的增加而减少的商品叫作低档品（inferior good）。

我的咖啡购买量，自然也会受价格的影响。如果咖啡的价格是 0.5 美元，即使在每个月的收入只有 800 美元的日子里，我也会偶尔购买。我的故事说明：最优解会随着收入和价格而变化。

消费者剩余

从现在开始，我们假设收入固定不变，来关注价格与购买量的关系。一般来说，价格上涨，购买量就会减少；价格下降，购买量则会增加。此外还有一种普遍的倾向，那就是随着消费数量的增加，人们所获得的满意度会逐渐减少。比如我为第 1 杯咖啡最多可以支付 4 美元，但为第 2 杯最多只想支付 2 美元，为第 3 杯最多只想支付 1 美元。

接下来，我们就用金额来衡量我因为购买咖啡而"赚到"的部分。这样做是因为我们需要找到衡量"对消费者而言市场是好是坏"的指标。把我赚到的部分与其他消费者赚到的部分加起来，作为衡量对消费者而言市场好坏的指标。有了这个指标，我们就可以判断两种不同状态的市场，哪一种对消费者来说更有利。

假设咖啡的价格是 1 杯 1.5 美元，我在这一价格下想要买 2 杯。为什么不买第 3 杯呢？因为我为第 3 杯最多只愿意支付 1 美元。因此，可以用下面的方法来计算我的剩余（surplus）：对第 1 杯咖啡来说，其剩余是 4 美元减去实际价格 1.5 美元之后所得的金额 2.5 美元；第 2 杯咖啡的剩余是 2 美元减去实际价格 1.5 美元之后所得的金额 0.5 美元。二者相加是 3 美元。也就是说在价格为 1.5 美元的情况下,市场对我来说的好处有 3 美元。

图 3-1 表示我的剩余。横轴是咖啡的杯数,纵轴是金额。这幅图包括我与另一个人(次郎)的剩余。次郎为第 1 杯咖啡最多愿意支付 5 美元,为第 2 杯最多支付 3 美元,为第 3 杯最多支付 2 美元,为第 4 杯最多支付 1 美元。在 1 杯咖啡 1.5 美元的情况下,次郎购买了 3 杯,他的剩余是 5.5 美元(3.5+1.5+0.5=5.5 美元)。

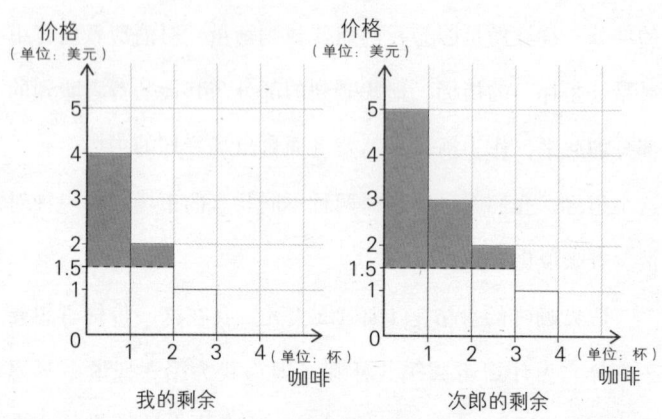

图 3-1 我和次郎的剩余。1 杯咖啡 1.5 美元的情况下,我的剩余是 3 美元,次郎的剩余是 5.5 美元

因此在咖啡价格是 1.5 美元时,我和次郎的剩余合计是

8.5 美元（3+5.5=8.5 美元）。这样计算得出的所有消费者的剩余合计叫作消费者剩余（consumer surplus）。假设这家咖啡店只有我和次郎两位顾客的话，消费者剩余就是 8.5 美元。消费者剩余是指消费者愿意支付但却没有支付的金额的合计，从这一角度来看，它是"赚到的部分"的合计。

图 3-2 将图 3-1 中我和次郎的图横向相加在了一起。图中阶梯状的粗线叫作需求曲线（demand curve）。需求曲线 D 表示在价格为 p 的情况下能够卖出的总量，也就是需求 $D(p)$。在刚才的例子中，咖啡价格为 1.5 美元时需求是 5 杯。这是我的 2 杯和次郎的 3 杯合计得来的。如果价格发生变化，需求自然也会变化。价格是 2.5 美元时，需求是 3 杯（我 1 杯，次郎 2 杯）。价格下降时，需求通常会增加，因此需求曲线一般是向右下方画。不过，本章的最后还介绍了一种价格上升时需求反而会增加的例外情况——"吉芬商品"。

消费者数量很多时，消费曲线会变得圆滑（图 3-2）。价格为 p 的情况下，消费者剩余是位于 p 的上方、需求曲线的下方的面积。用图来表示消费者剩余，只要看一眼便能直观地得知剩余有多少，因此十分便利。

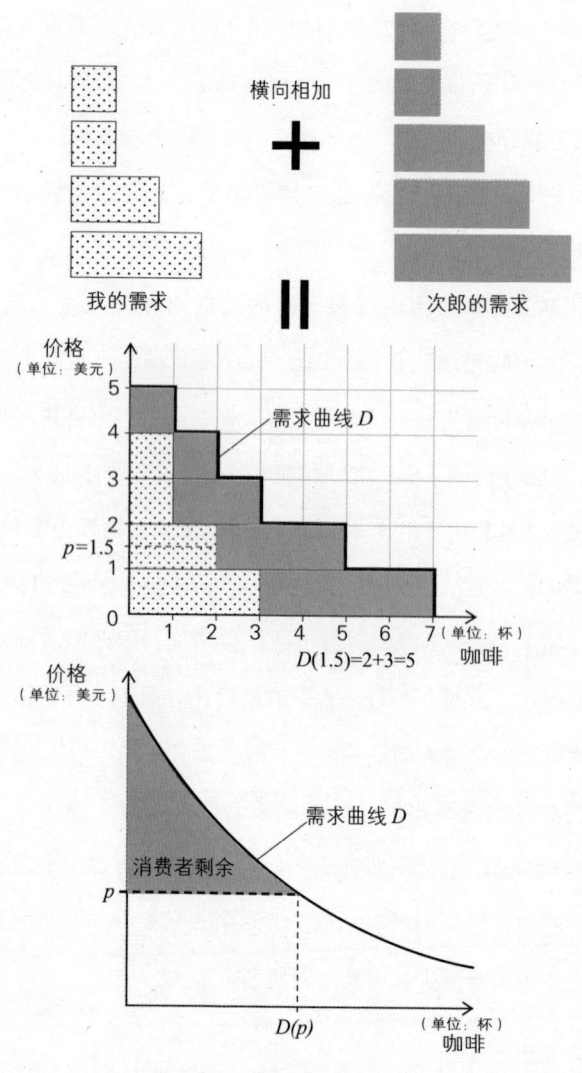

图 3-2 画需求曲线。将我和次郎的需求横向相加。消费者数量很大时,需求曲线会变圆滑

垄断者如何设定价格

我们现在站在咖啡销售者的角度来考虑需求曲线。方便起见,我们叫这个人约翰。约翰的问题是将 1 杯咖啡的价格设定为多少钱。

约翰常年在同一地点销售咖啡,他依靠过去涨价或降价的经验,知道"设定这个价格的话可以卖出多少杯"。也就是说,约翰知道需求曲线 D 的形状。例如,如果价格是 5 美元的话,1 杯咖啡也卖不出去。如果价格接近 0 美元,需求会接近 5 杯。那么对于约翰来说,最赚钱的价格是多少呢。我们假设约翰的咖啡厅在附近没有竞争对手,没有人和他进行价格竞争。现在我们假设需求曲线是直线,1 杯咖啡的成本是 1 美元(图 3-3)。

假设 1 杯咖啡的价格是 p 美元,1 杯的销售额就是 p 美元。因为成本是 1 美元,约翰赚到差额 $p-1$ 美元。销售数量等于需求量 $D(p)$。利润(profit)是销售额减去成本,因此是 $(p-1) \times D(p)$。例子中,价格超过 5 美元的话不会有人购买,利润为零。价格在 1 美元以下,利润也为零。能够实现利润最大化的价格介于 1 美元和 5 美元之间。具体的计算过程在此省略,这个价格其实是 $p=3$。计算消费者剩余,可以发现

是需求曲线与 p 之间的面积，计算结果是 2。

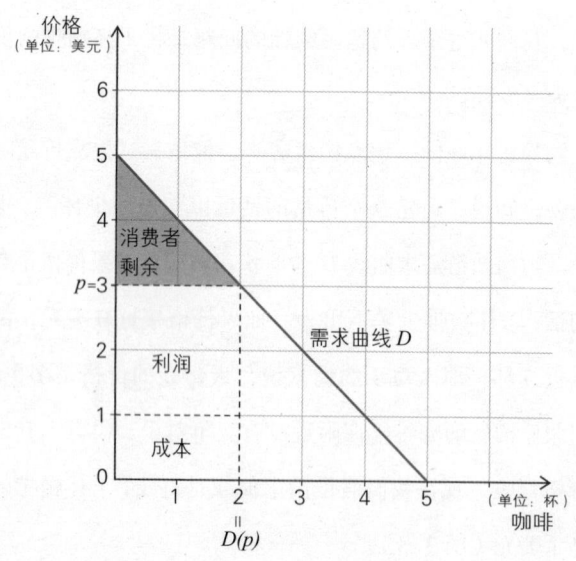

图 3-3　咖啡店店长约翰的需求曲线。价格 $p=3$ 时利润达到最大。这时的消费者剩余是上部三角形的面积 $2×2×(1/2)=2$，利润是 $(3-1)×2=4$

伯特兰德价格竞争

现在假设约翰有了一个竞争对手保罗。保罗销售的咖啡与约翰的品质相同,成本也相同(1杯1美元),他向约翰发起了价格竞争。假设约翰和保罗中谁的价格更便宜,客人就会购买谁的咖啡。如果二人的价格相同,就会分别获得一半的客人。这种市场叫作伯特兰德寡头垄断市场(Bertrand duopoly market)。

约翰和保罗的价格竞争会止于何处呢。从结论来说,市场会发生"最低价竞争",约翰和保罗都会将价格设定为1美元。

首先我们假设,针对约翰最初设定的垄断价格3美元,保罗选择了稍便宜的价格2.5美元。这种情况下,保罗会获得所有客人,约翰的客人会变为零。

于是约翰与之对抗,降价到2美元,又可以夺回所有客人。这样一来,保罗的客人会变为零,因此他会继续降价。

用略低于对手的价格获得全部客人,永远是划算的。因此二人的降价竞争会一直持续到1杯咖啡的价格变为与成本相同的1美元。最终的结果是二人同时将价格设定为1美元,这种状态叫作伯特兰德均衡(Bertrand equilibrium)。在伯特兰德均衡的状态下,约翰和保罗的利润都会变为零。另一方面,消费者剩余则会增加至8(图3-4)。

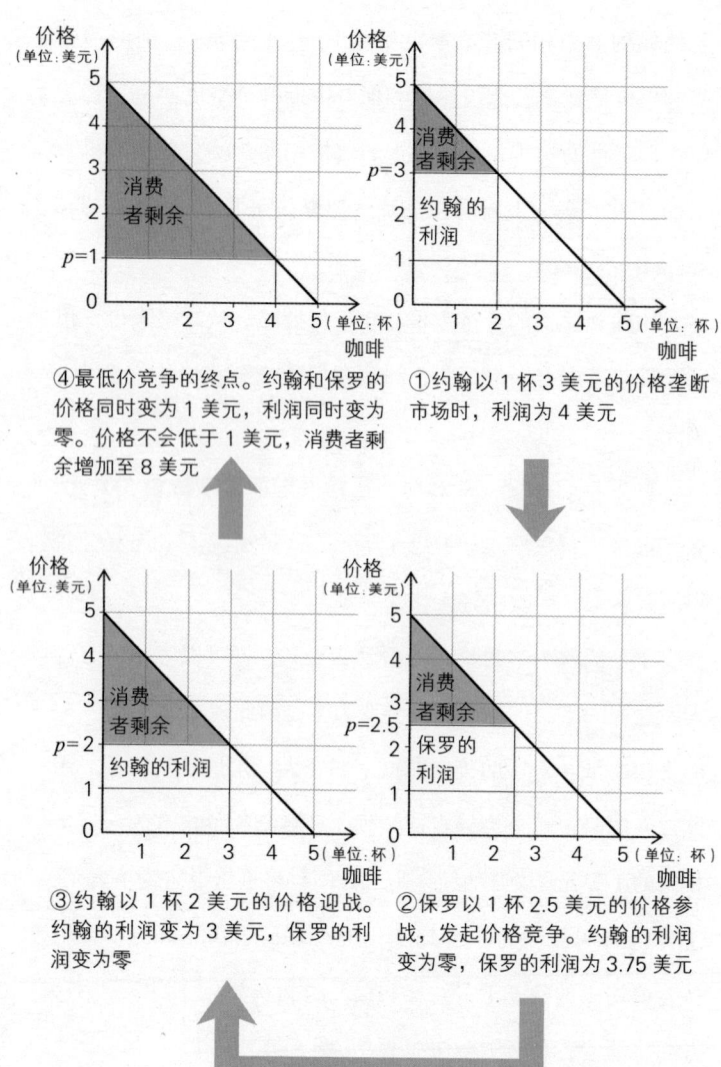

图 3-4 最低价竞争。约翰和保罗的价格竞争会不断白热化

不过，约翰和保罗可以通过约定提高价格来避免伯特兰德均衡。如果约翰和保罗都想长期经营下去，遵守提高价格的约定要比打破约定重新掀起"最低价竞争"更有利。如果二人约定将价格设定为 3 美元，就可以一直平分较高的利润。不过这种状态会将消费者剩余从"最低价竞争"时的 8 减少到 2。

在第 5 章中将会详细介绍，卖方利润的合计叫作生产者剩余（producer surplus），它与消费者剩余的合计叫作社会总剩余（total surplus）。与通过约定将价格设定在 3 美元时相比，发生最低价竞争，价格变为 1 美元时的社会总剩余要更多。通过计算可以得知，约定价格为 3 美元时，消费者剩余是 2，生产者剩余是 4，因此社会总剩余是 6。而在"最低价竞争"价格为 1 美元时，消费者剩余是 8，生产者剩余是 0，社会总剩余是 8。因此，如果用社会总剩余来衡量市场的好坏，就应该禁止卖家之间的约定。

不过约定的结果也并不容易维持下去。如果是少数参与者进行约定，那么他们可以互相监督，相对来说比较容易形成信赖关系。然而参与者增多时，便很难实现这种状态。

此外，约定的参与者中，如果有人陷入"即使违反约定失去长期利润,也需要马上赚到钱"的状况,这个人便会违反约定。这个人会垄断当天的所有利润,其他人的利润都变为零。一旦发生这种情况,遭到背叛的人们即使继续遵守约定,利润也会持续为零,因此约定会立刻分崩离析。

即使没有人真的背叛大家,只要有人怀疑"反正那家伙不可能遵守约定",约定就无法成功。因为持有这种怀疑的参与者不会继续遵守约定。

或者再进一步,有些参与者预测可能有其他参与者会持有上述疑心,于是也不会遵守约定。

什么是弹性

我们再回过头来看需求曲线。

衡量价格变化对需求变化的影响的指标之一是价格弹性(elasticity of price)。所谓"弹性",可以理解为价格的变化会导致需求发生多少变动。"弹性很低"就是指不怎么变动,也就是即使价格发生了变化,需求也基本不会被影响。

假设某种商品的价格上涨了 1%,这时需求减少了 0.2%。与价格的变化量 1% 相比,需求只变了 0.2%,是前者的"五分之一"。这个五分之一，也就是 0.2，就是价格弹性。实际通过数据推算价格弹性时，价格上升率不一定是"1%"，也可以是接近 1% 的更小数值。

价格弹性高的商品涨价时，需求会大幅度减少。在征税时，如果向价格弹性高的商品征税，其需求会大幅度减少。相反，生活必需品即使涨价，需求也不会轻易减少。因此向生活必需品征税会给穷人的生活带来巨大的打击，但对需求的影响却很小。

吉芬商品

需求曲线通常是向右下方倾斜的，这与我们的经验相符，也就是说商品价格上涨，销售量就会下降，价格下降，销售量就会增加。这种商品叫作正常商品（normal good）。但是前面我们也曾提到，也有很少一部分商品不是正常商品，其销售量会随着价格的上升而增加。这种商品叫作吉芬商品（Giffen good）。

贫穷地区的生活必需品，有时会成为吉芬商品。

我的经验可以用来说明这一点。在我过着每个月只有 800 美元的拮据生活时，家附近的超市曾经销售过一种"3

袋 1 美元"的特价意大利面。这是这家超市自主研发的商品，价钱十分亲民，不过非常难吃。因为它实在太难吃了，我偶尔也会买"1 袋 1 美元"的普通（其实也是很便宜的）意大利面。然而某一天，特价意大利面突然涨价到"3 袋 1.5 美元"。此时我连偶尔购买普通意大利面的钱都没有了，所以我购买的全都变成了特价商品。这种情况可以用"替代效应与收入效应"来说明。

特价意大利面涨价了，它的吸引力就会降低，于是人们便会想去购买其他意大利面，这叫作替代效应（substitution effect）。我的心里自然也有替代效应。然而特价意大利面涨价，意味着我这 800 美元收入的实际价值减少了，也就是说我变得更穷了。我失去了生活中的闲钱，无法再去购买更贵的东西，只能去购买更多的特价意大利面。这叫作收入效应（income effect）。

在我的例子中，特价意大利面涨价，由于替代效应的作用，我购买特价意大利面的欲望会降低，但由于收入效应的作用，我购买特价意大利面的欲望又会提高，最终提高的部分超过了降低的部分。

不过，我们提到某种商品是吉芬商品时，并不是针对像我对特价意大利面这种个人层面而言，而是针对总体层面的需求而言的。用数据来确定某种商品是吉芬商品的研究是非常少见的。宾夕法尼亚大学的詹森教授和伊利诺伊大学的米勒教授的调查结果显示,中国湖南省的大米和甘肃省的小麦是吉芬商品。

第 4 章

供给曲线
给定价格下的生产量

第 1 章和第 2 章介绍了有关个体消费者的背景知识，第 3 章画出了将所有消费者作为一个整体进行研究的需求曲线。第 4 章将会介绍有关个体生产者的背景知识，画出将所有生产者作为一个整体进行研究的供给曲线。我们接下来就会看到，供给曲线的画法和需求曲线的画法其实是一样的。将代表商品买方的需求曲线与代表商品卖方的供给曲线放在一起，就可以考察同时存在卖方与买方的市场，这是第 5 章将要介绍的内容。

边际成本递增

我爱好跑步,但跑得越多腿越沉重。参加长距离比赛时,虽然同样是1公里,但与最初的1公里相比,最后的1公里花费的时间要长出很多。如果是42公里的全程马拉松,即使能在2小时之内跑完前半,后半却要花费2小时以上。很抱歉我总是顺便讲起自己的事情,但其实我想说的是下面的现象:

用2倍的时间去跑步,却不一定能跑完2倍的距离。

我们可以将马拉松看成一种生产活动,即投入时间,便能产出距离。当然,实际上马拉松这项活动并不能生产出什么,而是一直在消耗力气,我们这样说只是单纯把它看作一种比喻。这项生产活动的特征是:即使投入变成了2倍,也无法实现2倍的产出,这就是规模报酬递减(decreasing return to scale）。下面我们来列举几个生产活动中规模报酬递减的例子。

- 在耕地面积保持不变的情况下，即使投入2倍的耕作者或耕种量，收成也达不到2倍。如果将耕地的面积扩大为2倍，可以获得2倍的收成，但我们很难扩大耕地的面积（至少就短期而言是这样）。
- 在工厂规模保持不变的情况下，即使投入2倍的劳动者或原材料，产量也达不到2倍。如果将工厂的规模变为2倍，可以获得2倍的产量，但我们很难增设新的工厂（至少就短期而言是这样）。

在规模报酬递减的生产活动中，要获得2倍的产出，必须花费2倍以上的成本。想要在耕地面积一定的情况下使收成翻倍，需要特殊的农作物品种或者专业知识。如果想要让工厂在白天和夜间都保持不间断运作，就必须支付更多的夜班工资去雇用在晚上工作的劳动者。

成本函数（cost function）表示产量和生产成本之间的关系。如果是规模报酬递减的生产活动，与生产第1个单位产量所耗费的成本相比，生产第2个单位需要更多的成本，而产生第 3 个单位所需要的成本就更高了。

新增生产每一单位商品所需要的成本叫作边际成本（marginal cost）。边际成本随着产量增加而上升的现象叫作边际成本递增。

让我们总结一下成本和边际成本的关系。

生产一定数量产品的（总）成本，是生产到这一数量的产品为止的边际成本之和。还用长跑来举例的话，就是跑完 3 公里的痛苦等于"跑第 1 公里的痛苦、跑第 2 公里的痛苦与跑第 3 公里的痛苦之和"。

例如，生产 3 件产品的成本是生产第 1 件产品的成本（第 1 件产品的边际成本）、生产第 2 件产品的成本（第 2 件产品的边际成本）与生产第 3 件产品的成本（第 3 件产品的边际成本）之和。图 4-1 体现了这个关系。

也许有读者会认为，又要考虑成本，又要考虑边际成本，还要考虑相互关系什么的太麻烦了。但边际成本的概念非常实用，希望大家可以耐心读下去。尤其是在用图来表示成本时，将其分解为边际成本可能更有助于我们从直观上理解问题。

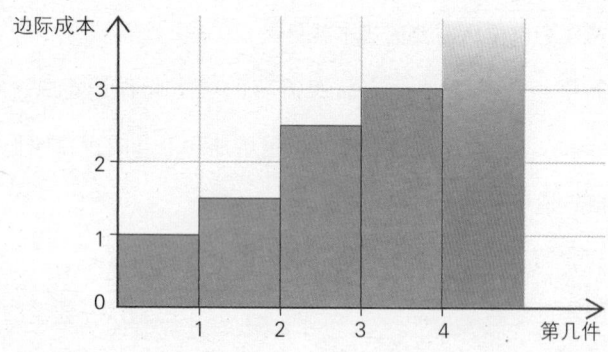

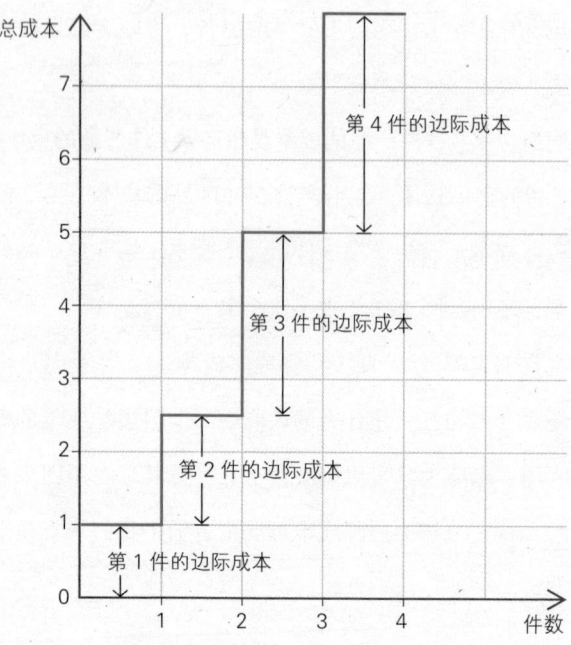

图 4-1 边际成本和总成本的关系

什么是最优解

让我们来就生产某种商品的企业展开讨论。该商品的市场价格是 p 日元。假设这家企业拥有数量庞大的竞争对手，因此它是价格接受者（price taker），即无法通过改变自己的产量来影响价格。价格接受者无法通过减产来增加商品的稀有价值从而抬高价格。与价格接受者相反的是不存在竞争对手的垄断企业（第7章将会详细介绍）。

我们可以通过以下方法来考察作为价格接受者的企业如何决定自己的产量。生产第1件产品的成本最低，以 p 日元的价格销售时能获得较高的利润。生产第2件产品的成本要高一些，获得的利润便会减少。由于边际成本的递增，每多生产1件产品，边际成本会不断上升，利润则会不断减少。

每多生产1件产品，它所获得的利润都会减少，并在某一个时点变为负值。那么，用销售额减去成本而得出的利润，在产量是多少的时候能够达到最大呢？这个产量应该是再多生产1件产品利润就会变为负值的产量，也就是边际成本即将超过价格，导致亏损之前的产量。

这个道理很好理解。如果每多生产1件产品的成本比销售它的价格还高的话，当然是不生产要更划算。能够使利润达到最大化的产量就叫作最优解。最优解当然因边际成本的不同而不同。

图 4-2 中的 A 公司在价格 $p=3$ 时的最优解是生产 2 件产品。其利润是价格乘以最优解，也就是 $3×2=6$ 日元。从表示销售额的长方形中减掉相当于成本的部分，剩下的面积表示利润。图 4-2 中的 B 公司在价格 $p=3$ 时的最优解是生产 3 件产品。他的销售额是价格乘以最优解，即 $3×3=9$ 日元。从表示销售额的长方形中减掉相当于成本的部分，剩下的面积表示利润。

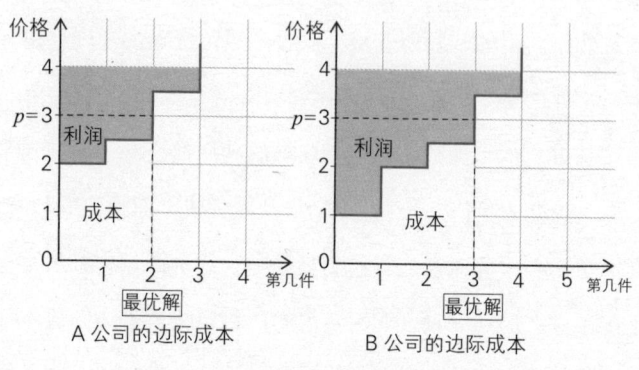

图 4-2 最优解因边际成本的不同而不同

画一条供给曲线

假设市场上只存在 A 公司和 B 公司。在价格不变的情况下，市场上供给的商品总量是 A 公司和 B 公司的产量之和。因此将两家企业的边际成本横向相加，就可以得知价格与该价格下的供给量之间的关系（图 4-3）。像这样，将边际成本横向相加得到的曲线 S 叫作供给曲线（supply curve）。比如当价格 $p=3$ 时，$S(p)=5$。如果市场上存在 3 家以上企业，也同样可以通过横向加总边际成本的方法得到供给曲线。

需求曲线和供给曲线总是成对出现。需求曲线表示在不同价格下消费者会购买的商品总量。供给曲线表示在不同价格下生产者销售的商品总量。

从供给曲线的画法可以得知，2 家企业的利润之和为通过价格 p 的直线和供给曲线之间的面积（图 4-3）。如果存在 3 家以上的企业，同样可以将他们的边际成本横向相加，画出供给曲线 S。所有企业的利润之和叫作生产者剩余。生产者剩余是指企业在市场上"赚到"的部分。

与考察需求曲线时一样，因为将生产量限制为整数不便于讲解，我们将在下文使用图 4-3 所示的圆滑的曲线来表示供给曲线。

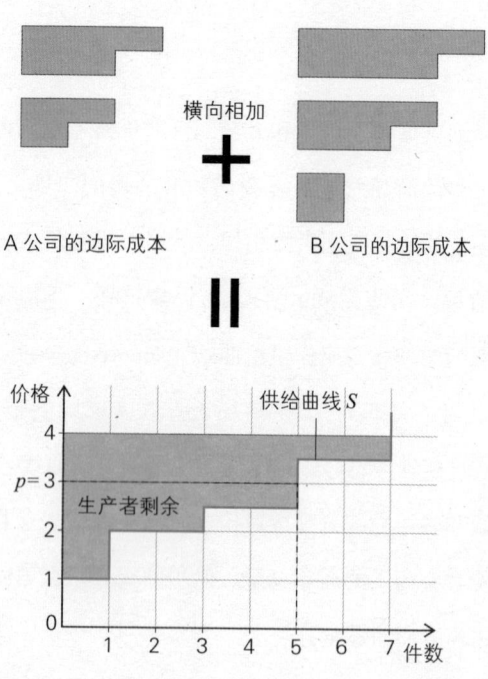

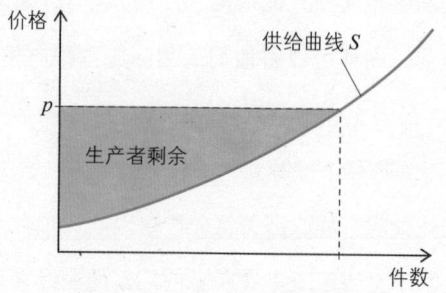

图 4-3 画供给曲线。将边际成本横向相加。生产者数量很大时，供给曲线会变圆滑

第 5 章

市场均衡
市场上的价格是如何决定的

第 5 章讨论同时存在消费者和生产者的市场。我们要把第 3 章画出的需求曲线和第 4 章画出的供给曲线合并在同一张图上,来考察市场如何决定商品的价格,并考察为何这种机制更有利。作为具体应用实例,本章还将分析税收会使价格如何变动,从而带来哪些损失。

市场均衡

在存在大量消费者和生产者，并且所有人都是价格接受者的完全竞争市场（competitive market）中，价格是如何决定的呢？需求曲线和供给曲线是解答这一问题的关键。我们在第 3 章画出了需求曲线。在价格保持不变的情况下，个体消费者分别购买自己愿意购买的数量的商品，其总和就是需求。我们还在第 4 章画出了供给曲线。在价格一定的情况下，个体生产者分别生产自己愿意生产的数量的商品，其总和就是供给。

微观经济学之所以被称为"微观"，是因为它能够从个体消费者和生产者等微观层面累计导出表示市场整体宏观动向的需求曲线和供给曲线。下面为了考察市场如何决定价格，我们就把需求曲线和供给曲线一起画在同一幅图上。我可以先将结论告诉大家，价格就是需求曲线 D 与供给曲线 S 相交的点 p^*（图 5-1）。

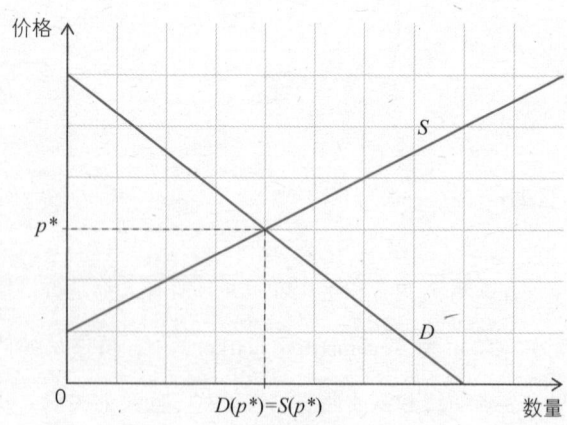

图 5-1　在供求一致时达到稳定的市场均衡价格 p^*

其中的理由十分简单。如果价格 p 高于 p^*，供给 $S(p)$ 就会超过需求 $D(p)$（图 5-2）。此时市场供大于求，销售者之间的竞争会导致价格降低。与此相反，如果价格 p 低于 p^*，需求 $D(p)$ 就会超过供给 $S(p)$（图 5-3）。此时市场供不应求，购买者之间的竞争便会导致价格上涨。不论是哪种情况，都会使价格最终回归到 p^*。于是在点 p^*，会达到供求一致，即 $D(p^*)=S(p^*)$，价格达到稳定状态。这个价格 p^* 叫作市场均衡价格（market equilibrium price）。

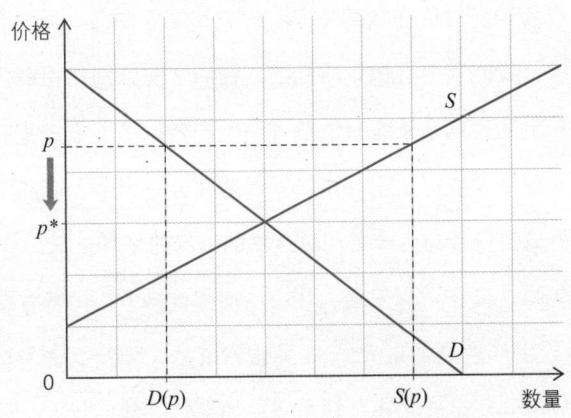

图 5-2　供大于求，过高的价格会下降

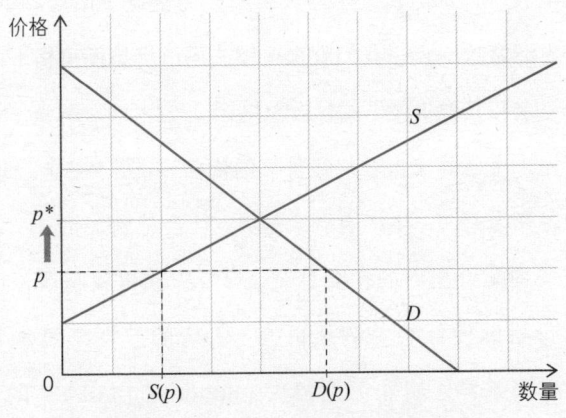

图 5-3　供不应求，过低的价格会上涨

社会总剩余

市场均衡价格会在某些方面优于其他价格吗？为了考察其优劣，我们需要有衡量的标准。我们之前分别使用消费者剩余和生产者剩余来考察消费者和生产者。接下来，我们将消费者剩余和生产者剩余相加，得到社会总剩余，以此为标准来衡量消费者与生产者同时存在的市场的好坏。

从图5-4中可以发现，在市场均衡价格下，消费者剩余是$A*$，生产者剩余是$B*$，社会总剩余是$A*+B*$。这个总剩余的数值到底是较大还是较小呢。如果这一数值较大，那么从社会总剩余的角度来看，完全竞争市场就是好的。如果这一数值较小，那么从同一角度来看，完全竞争市场就不好。为了弄清楚这一点，我们就来比较一下市场均衡价格下的社会总剩余和其他价格下的社会总剩余。

先来考虑高于市场均衡价格的价格p（图5-5）。此时，消费者剩余是A，生产者剩余是B，社会总剩余是$A+B$，小于市场均衡价格下的社会总剩余$A*+B*$。也就是说，市场均衡价格能使社会总剩余更大。二者的差额，即$A+B$和$A*+B*$的差异，叫作无谓损失（deadweight loss）。图5-5中C的部分就是无谓损失。

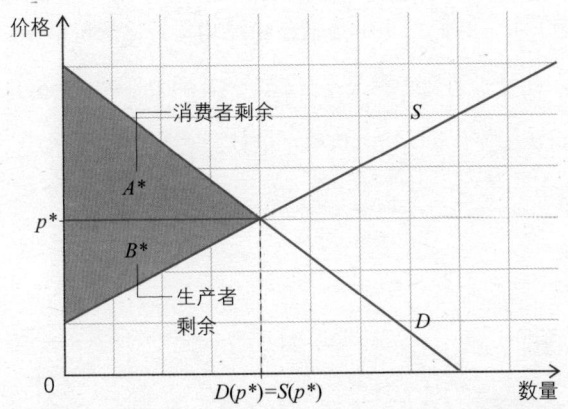

图 5-4　市场均衡价格 p^* 下，社会总剩余达到最大化

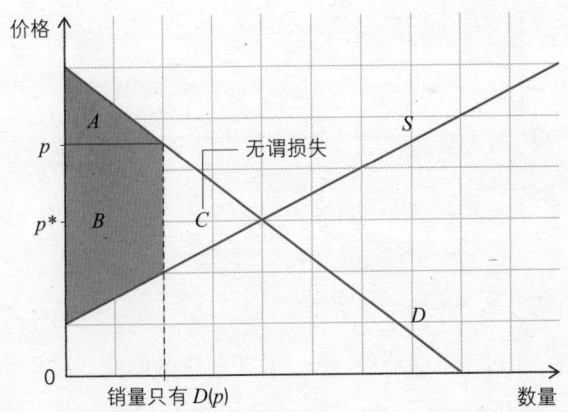

图 5-5　价格高于市场均衡价格（$p > p^*$），社会总剩余为 $A+B$

接下来,我们再来考虑低于市场均衡价格的价格 p(图 5-6)。此时,消费者剩余是 A,生产者剩余是 B,社会总剩余是 $A+B$,小于市场均衡价格下的社会总剩余 A^*+B^*,C 为无谓损失。

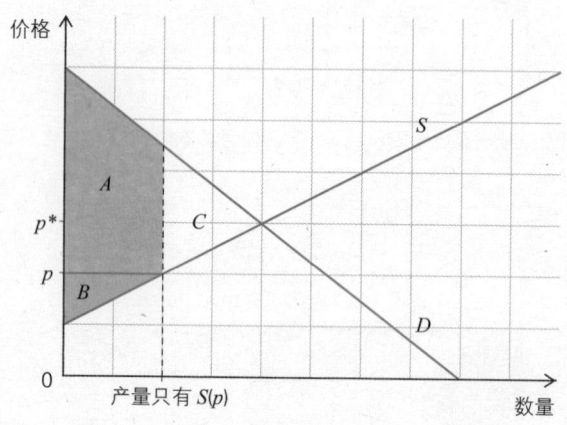

图 5-6　价格低于市场均衡价格($p < p^*$)时,社会总剩余是 $A+B$

由此可见,市场均衡价格是能使社会总剩余实现最大化的价格。供过于求时价格下降,供不应求时价格上升的市场调整机制使价格达到市场均衡价格。

自由市场主导的市场均衡价格,与中央集权体制制定的法定价格存在两个重要差异。

其一，与法定价格相比，市场均衡价格（一般来说不同于法定价格）能够带来更多的社会总剩余。

其二，在消费者偏好或生产者成本函数等市场状态发生变化时，市场均衡价格可以迅速地灵活变化。批发市场上的竞价销售就是一个容易理解的例子。有时，大家都想买的鱼肉或蔬菜价格会涨得很高，收成不好时价格也会上升。当然也有与此相反的状态，即想买的人太少，或者收成太好导致价格暴跌。

比批发市场交易更频繁的市场还包括买卖有价证券的东京证券交易所。为了迅速应对市场变化，这里可以以百分之一秒为时间单位进行交易。在1秒钟之内，价格会以肉眼无法识别的频率不断变化。因此，现在经常用算法交易（algorithmic trading）代替人工交易，也就是让输入了相关程序的高速计算机自动买卖。

而法定价格则无法迅速应对市场的变化。要改变法定价格必须经过相应的政治流程，也很容易沦为政治斗争的工具。

实行从量税时的市场均衡

香烟的价格当中大约有六成是税金。香烟行业的企业每销售1000支香烟,就必须向政府缴纳12244日元的烟草税(见财务省主页,烟草税)。像烟草税这样,根据销售数量决定缴纳金额的税收制度叫作从量税(per unit tax)。销售酒精饮料要缴纳酒税,销售汽油要缴纳挥发油税等都是从量税的例子。

从量税会对消费者、生产者以及市场产生哪些影响呢?这里大家需要注意的是"从量税的征收方法"。征收从量税包括销售者(生产者)纳税和购买者(消费者)纳税两种方式。哪一种方式在何种意义上更好呢?从直观上看,我们会觉得销售者纳税的方式对销售者不利,购买者纳税对购买者不利。

我们先来考虑销售者每销售1单位商品缴税 t 日元的征税方式。

假设此时的市场均衡价格是 q。我们已经知道,市场均衡价格就是供求达到一致时的价格。对于销售者来说,如今在价格 q 的情况下,实际价格是 $q-t$。因为卖出1单位商品虽然能够得到 q 日元,但其中还有 t 日元作为从量税被扣除。

因此对销售者征收从量税 t 时，供求在价格 q 达到一致便意味着 $D(q)=S(q-t)$。

那么，能使供求达到一致的需求量 $D(q)=S(q-t)$ 到底是多少呢？从图 5-7 可以得到答案。简单地说，D 和 S 的高度刚好相差 t 时的数量，就是我们要找的答案。也就是说，D 和 S 的高度刚好相差 t 时的数量满足 $D(q)=S(q-t)$。

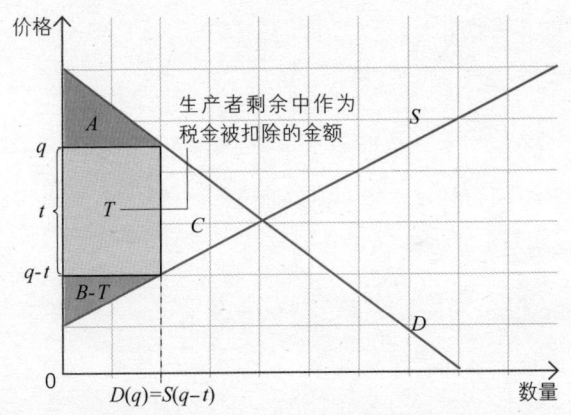

图 5-7 每单位商品向销售者征收 t 日元从量税时的竞争均衡

此时，消费者剩余是 A，生产者剩余是 B，社会总剩余是 $A+B$。不过生产者剩余中的 T 部分要作为从量税由生产者缴纳。缴税之后的生产者剩余是 $B-T$。与没有从量税制度的情况相比，社会总剩余减少了 C 的部分，这是导入从量税扭曲了市场均衡价格所带来的社会损失。

接下来，我们再考虑购买者每购买 1 单位商品缴税 t 日元的征税方式。

假设此时的市场均衡价格是 r。我要再强调一下重点，即市场均衡价格是能使供求达到一致的价格。对于购买者来说，在价格 r 下感受到的实际价格是 $r+t$。因为购买 1 单位商品除了要支付 r 日元之外，还要支付 t 日元的从量税。因此对购买者征收从量税 t 时，供求在价格 r 达到一致，便意味着 $D(r+t)= S(r)$。

那么使供求一致的需求量 $D(r+t)= S(r)$ 到底是多少呢？从图 5-8 可以知道答案。简单地说，D 和 S 的高度刚好相差 t 时的数量，就是我们要找的答案。也就是说，D 和 S 的高度刚好相差 t 时的数量满足 $D(r+t)= S(r)$。

此时，消费者剩余是 A，生产者剩余是 B，社会总剩余是 $A+B$。不过消费者剩余中的 T 部分，是购买者必须缴纳的从量税。缴税之后的消费者剩余是 $A-T$。与没有从量税制度的情况相比，社会总剩余减少了 C，这是导入从量税扭曲了市场均衡价格所带来的社会损失。

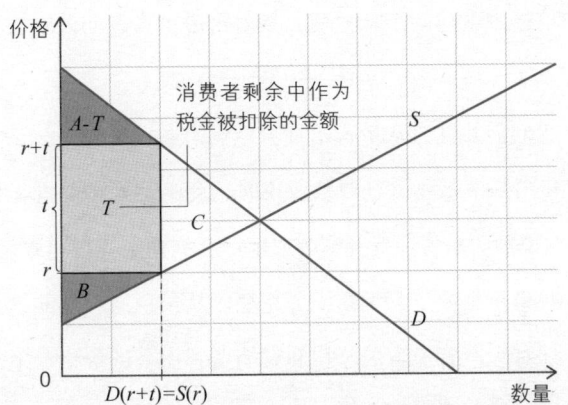

图 5-8　1 单位商品向购买者征收 t 日元从量税时的竞争均衡

通过上述的讨论可以得知，无论是销售者纳税，还是购买者纳税，从剩余的角度来看都是一样的。

两种方式下的剩余没有任何区别，是因为在市场上，如果采用销售者纳税的方式，价格会上升为 q，如果采用购买者纳税的方式，价格会下降至 r，并且满足 $q=r+t$。

从征收税款的政府的角度来看，又会发现什么呢。两种方式下的剩余并没有不同，说明政府不需要考虑剩余，只要从其他角度来出发选择征税方式就好了。

例如考虑征税难易程度的话，比起向一个个购买者征税，向相对来说数量更少、更便于监管的销售者征税更容易。也就是说，采用与烟草税类似的方式，购买者购买商品时的价格中就包括了从量税，然后再由销售者向政府缴税会更好。

我们需要注意从量税给社会总剩余造成的损失。正如图 5-7 和图 5-8 所示，征收从量税时，会产生 C 部分的无谓损失。纳税额 T 是从消费者剩余或生产者剩余中支付给政府的。

我再重复一下，无谓损失是征收从量税所引起的社会损失，是对生产者而言的价格和对消费者而言的价格产生了偏离所导致的消费者剩余和生产者剩余的损失。我们讨论这些并不是说因为征税会产生无谓损失所以不能征税。无论是再分配，还是公共产品的供给等，有很多事情都需要政府灵活运用税收才能实现，而之前的论述并没有考虑这些。但是我们仍然可以提出：明知会对社会造成无谓损失却还要课税的话，政府就必须对征税的好处给出充分合理的解释。

针对指定商品征税为什么不好

从量税的又一个特点，就是对香烟、酒以及汽油等特定商品进行征税。征税对象有时会为了逃避缴税而开发出原本并不需要的技术。

以酒税为例。20 世纪 90 年代，人们开发了一种叫作发泡酒的类似啤酒的酒精饮料。与啤酒相比，发泡酒的麦芽含量更低，所以不符合酒税对啤酒的定义。因此，生产者便可以避免缴纳酒税，以较低价格销售发泡酒。不过政府并没有对此听之任之，从2003年开始，销售发泡酒也要缴纳一定的酒税了。之后，厂商继续改变原料，开发出了"第三种啤酒"，以此逃避缴纳以啤酒和发泡酒为对象的酒税。2006年酒税法修订，开始对第三种啤酒征收相应的酒税。2016年，1罐350ml的该类产品酒税额为：啤酒77日元，发泡酒47日元，第三种啤酒28日元。此外政府还公布了方针，宣称今后会将所有税额统一为55日元。

对啤酒征收从量税所带来的社会损失，并不只有无谓损失。发泡酒和第三种啤酒都是厂商进行技术开发，生产出的类似低档啤酒的产品，目的只是规避酒税法所规定的"啤酒"定义。进行技术开发当然就需要成本，这是为了逃避缴税而产生的成本，也是从量税带来的社会损失之一。这些技术只在日本当时的酒税法下有效，如果日本修订了酒税法，或是到了酒税法不同的其他国家，这些技术则完全无法发挥作用。也可以说这是将本该用来开发其他技术的投资用来与税收部门进行拉锯战了。针对特定商品的从量税除了会产生无谓损失，还容易带来其他的社会损失。

第 6 章

外部性
他人造成的损失或收益

在第 5 章中，我们看到了在市场均衡价格下，社会总剩余可以实现最大化。但是如果企业在生产活动过程中产生公害等社会负担，便会为社会带来额外的损失，并没有在真正的意义上实现最大化。如何将企业的生产活动对外部产生的负面影响转入其内部呢。第 6 章将会介绍以此为目的的环境税。此外，本章还会介绍对外部产生正面影响的正外部性，以及对理解 IT 服务不可或缺的网络外部性。

负外部性与庇古税

我对杉树花粉过敏，每到早春都会流鼻涕、打喷嚏，变得眼泪汪汪。对花粉过敏的人除了要忍受眼睛和鼻子的不适之外，还要负担药费。可以说，种植杉树的林业人士在从事杉树生产活动的同时，向我强加了极大的负担。我真希望他们至少可以替我付药费，或者多少付给我一些慰问金。

像杉树花粉过敏症这样，不经过买卖交易，某一生产活动给他人带来的负面影响叫作负外部性（negative externalities）。作为例子，我们可以想想对当地居民造成轻度损害的生产活动。此处所说的"轻度"指可以通过金钱来补偿的程度。对居民来说，如果获得的补偿能够超过自己所蒙受的损失，那就是好的。而通常来说，无论得到多少钱，我们都不想遭受重病或死亡，所以我们这里不讨论这种程度的损害。

我们用金额来衡量企业的生产活动给居民带来的损失，假设产量为 1 时是 2 日元，产量为 2 时是 5 日元，产量为 3 时是 9 日元（图 6-1）。每多生产 1 个商品而增加的金额是边际损失，生产第 1 个产品时是 2 日元，生产第 2 个时是 3 日元（5-2=3），再生产第 3 个时是 4 日元（9-5=4）（图 6-2）。像边际成本一样，把边际损失画成圆滑的曲线，便如图 6-3 所示。产量为 y 时，从 0 到 y 的边际损失曲线下的面积，表示的就是损失的总金额。

假设企业的成本函数及其带来的损失如图 6-4 所示。假设市场决定的价格是 p。我们回忆第 4 章的内容可以得知，此时企业产量的最优解是边际成本与价格一致的点 $\bar{y}$。不过该企业的生产给居民带来了损

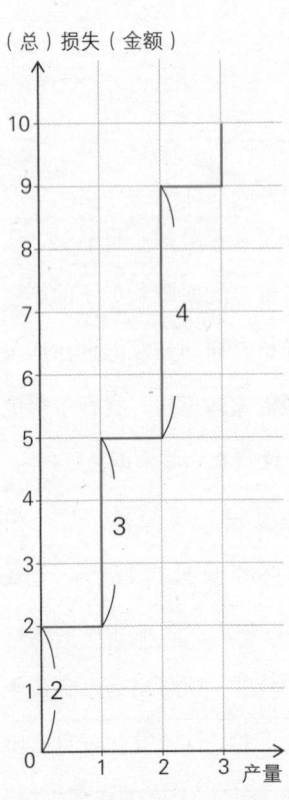

图 6-1 将企业生产活动带给居民的损失换算为金额

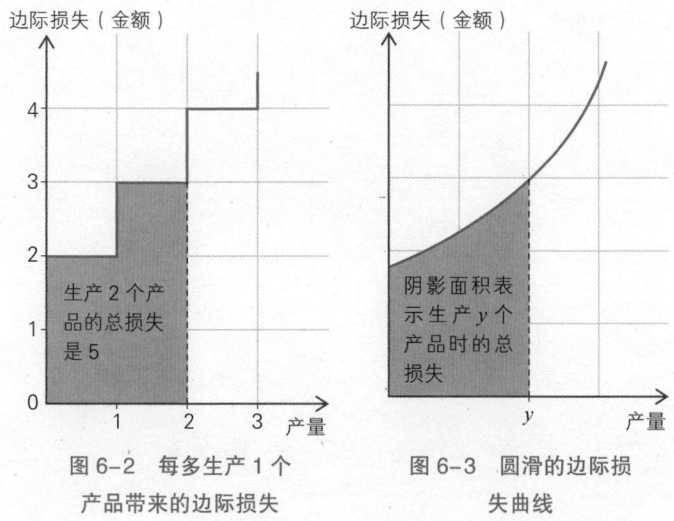

图 6-2 每多生产 1 个产品带来的边际损失

图 6-3 圆滑的边际损失曲线

失。如果将居民蒙受的损失也算入生产成本的话,真正的成本应该是生产成本和损失的合计。因此真正的边际成本是边际成本与边际损失 t 的合计,也就是图 6-4 中的粗线,真正的最优解是 y^*。

现在我们来考虑庇古税(Pigouvian tax),这种环境税能让企业的产量从 $\bar{y}$ 减少至 y^*,并对居民进行补偿。如图 6-4 所示,在真正的最优解 y^* 下,边际损失是 t。庇古税要求企业每生产 1 个商品就要支付 t 日元的税金。这会使企业每个商品的边际成本都增加 t 日元。图 6-5 表示企业被征收庇古税,每个商品的边际成本都增加 t 日元时的情况。

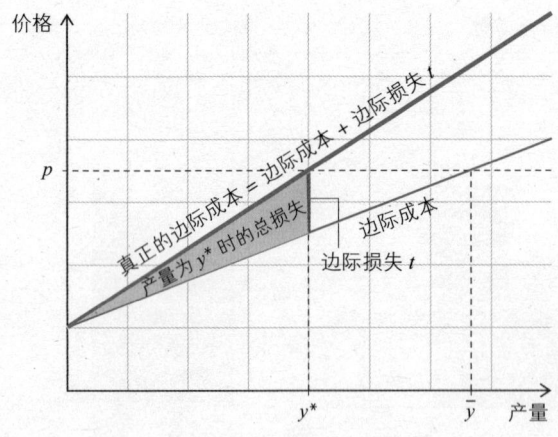

图 6-4 征收庇古税之前的最优解是 $\bar{y}$

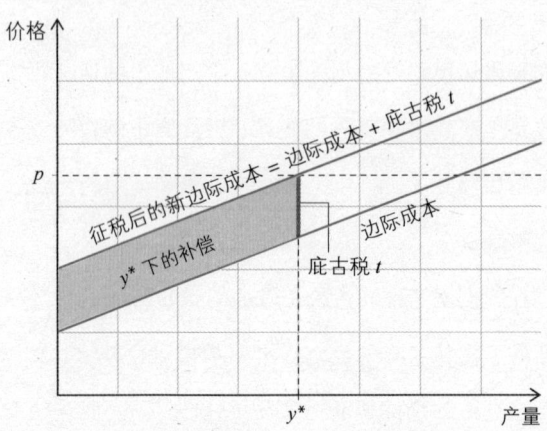

图 6-5 征收庇古税之后的最优解是 y^*

征收庇古税、边际成本增加时的最优解为新的边际成本与价格一致的点 y^*。因此，企业会生产"真正的最优解"个商品，而居民会获得 $y^* \times t$ 日元的损失补偿。比较图 6-4 和图 6-5 的阴影面积可以发现，来自庇古税的补偿超过了总损失额。像这样，通过庇古税，企业支付了由外部居民负担的损失。这就是外部性的内部化（internalization of externalities）。

正外部性

某项生产活动不经过买卖交易而对第三方产生的正面影响叫作正外部性（positive externality）。比如铁路公司在某地新开通了电车线路。铁路公司可以从这条线路的电车业务获得利润，而沿线原有的商业设施也会因客流量增加，享受到利润增加的正面影响。

与负外部性不同，正外部性通常不会成为社会问题。此外，铁路公司也会在线路周边开发不动产业务，自行将正外部性内部化。以日本关东地区的东急电铁公司和关西地区的阪急电铁公司为代表，大多数铁路公司都会将线路周边的住宅区及商业设施的开发与线路的开通作为一体化业务。

还有其他方面的例子，比如传染病的预防接种也具有正外部性。接种了流感疫苗的人，不但降低了自己患流感的概率，也降低了自己将流感传染给别人的概率。疫苗的费用由公共医疗保险而不是个人负担，正是将这种正外部性内部化的机制之一。不过接种疫苗需要去医院，还要忍受注射的恐惧及疼痛，因此也不能说"个人负担是零"。

网络外部性与协调博弈

接种疫苗和通信方式刚好是相反的。接种疫苗的人越多，流感流行的可能性就越低，自己接种疫苗的好处就会降低。与之相反，使用电子邮件的人越多，电子邮件就会越便利，自己使用电子邮件的好处就会增加。

对于通信方式来说，只有他人也在使用，自己使用该种方式才会获得好处。因为通信方式的目的就是和他人沟通。

从微博、微信等网络服务企业的角度来看，这意味着什么呢？开始使用微博的人，是因为熟人和想要关注的名人已经在使用了，自己才会也想要使用。网络服务的目的是将人们联系起来，其价值取决于使用人数的多寡。这就是网络外部性（Internet externality）。

在用户带来用户的网络服务中，企业最大的课题便是在服务走上正轨之前增加用户数量。因此，想入行的其他企业很难对抗已经拥有庞大数量用户的既有从业者。

芝加哥大学卡乔波教授等人所做的大规模调查显示，2005年至2012年间结婚的每3对美国情侣中就有1对是在网络上相识的。美国还有一家名为"Match.com"的大型婚恋网站。在这种情况下，要想建立新的婚恋网站，无论设计得多么方便好用，最初都会因为没有注册者而难以获得新的用户。

协调博弈（coordination game）很好地体现了这种情况：即与选择什么相比，和他人做出相同选择更重要。作为协调博弈的简单例子，我们可以考虑一对情侣选择手机运营商的例子。现在有两家手机运营商A和B。如果二人选择了同一家运营商，他们之间便可以免费通话，这一点十分重要。若选择不同的运营商，他们就无法免费通话。

可能发生的情况有4种。让我们用（A，B）来表示男朋友选择A运营商，女朋友选择B运营商的情况。其他情况也这样表示，因此一共有（A，A）、（A，B）、（B，A）、（B，B）4种情况。

图6-6叫作收益矩阵（payoff matrix），每个空格表示相

应情况下男朋友和女朋友的满意程度。收益矩阵里的数字的解读方法如下：在男朋友选择 A、女朋友选择 B 的情况（A，B）下，二人的满意度都是 1。

男朋友＼女朋友	A	B
A	2, 2	1, 1
B	1, 1	2, 2

图 6-6　协调博弈的收益矩阵

然而（A，B）的状况不会一直持续下去：要么男朋友改为选择 B 运营商，形成（B，B），要么女朋友改为选择 A 运营商，形成（A，A）。至于为什么要做这些改变，是因为这样改变可以提高自己的满意度。

比如在情况（A，B）下，男朋友改为选择 B 运营商，变为情况（B，B）的话，他的满意度会从 1 上升到 2，女朋友的满意度也会从 1 上升到 2。男朋友当然会同时考虑自己和女朋友的满意度，但即使他只考虑自己，也会改为选择 B 运营商。

在情况（B，B）之下，男朋友和女朋友都不会做出改变。因为改变会让二人的满意度从 2 下降到 1，从而蒙受损失。当然，情况（A，A）之下也是一样，男朋友和女朋友都不会做出改变。对于这两个人来说，选择 A 运营商还是选择 B 运营商并不重要。无论是 A 运营商还是 B 运营商，最重要的是二人使用同一家运营商。

改变自己目前的状态会导致损失，因此谁都不会单独做出改变的情况叫作纳什均衡（Nash equilibrium）。纳什均衡是一种胶着状态。刚才的例子中，(A, A) 和 (B, B) 都是纳什均衡，只要到达了这种状态就不会再改变。

下面我们试着将协调博弈的设定做些改变。如今，A 运营商的服务要好于 B 运营商，收益矩阵如图 6-7 所示。与之前相同，纳什均衡是 (A, A) 和 (B, B)，但有一点不同的是，现在对于男朋友和女朋友两个人来说，(A, A) 都要比 (B, B) 更好一些。实际上，在情况 (A, A) 之下，男朋友和女朋友的满意度都是 3，但在 (B, B) 之下，二人的满意度就只有 2。因为比起 B 运营商，A 运营商的服务质量更好。

男朋友＼女朋友	A	B
A	3, 3	1, 1
B	1, 1	2, 2

图 6-7 协调博弈的收益矩阵。与另一种纳什均衡 (B, B) 相比，纳什均衡 (A, A) 帕累托更优的情形

也就是说，在这个协调博弈之中，比起（B，B），二人都更喜欢（A，A）。这时，比起（B，B），（A，A）叫作帕累托更优（Pareto superior）。比起（A，A），（B，B）叫作帕累托更劣（Pareto inferior）。

那么，一旦处于帕累托更劣的情况（B，B），还有可能摆脱吗。我们唯一可以肯定的，就是在（B，B）的情况下，每人单独由 B 运营商改为 A 运营商便是蒙受损失。假设男朋友由 B 运营商改为 A 运营商，情况会从（B,B）变为（A,B）。于是，男朋友自己的满意度会从 2 下降到 1，就连女朋友的满意度也会从 2 下降到 1。因此想要摆脱（B，B）的情况，必须二人同时从 B 运营商改为 A 运营商。

当然，在现实生活中，只要男朋友和女朋友商量好了，一起变更手机运营商就可以解决这个问题了。然而，在数量众多的互不相识的人参与协调博弈的情况下，就很难通过互相沟通来让所有人都从 B 改为 A 了。

从网络服务企业的角度来看，即使自己提供的服务比不上其他公司，只要已经获得大量的用户，就更容易一直处于优势地位。

有一个词叫作"优胜劣汰"。就像字面意思一样，优质的东西会获得胜利，劣质的东西会遭到淘汰。然而在网络外部性极为强烈的市场中，优胜劣汰并不一定会实现。因为不论是优质还是劣质，只有先坐稳纳什均衡宝座的人才能获胜。

日本人很喜欢"制造精神"这个词。然而在网络外部性较高的服务业中，制造业的"制造精神"却不一定是最重要的。让服务走上老用户带新用户的轨道，或是让自己的服务坐稳标准规格的宝座，才是在竞争中脱颖而出的不二法门。网络外部性告诉我们：性能优异的商品并不一定总能获胜。

包括本书在内，我几乎所有的稿子都是用微软公司的Word写的。经常有人批判Word，我也常常觉得大家说得有理，但至今为止，我用Word写了那么多稿子，还没有出版社说过"我们无法读取Word文件"。这就是我使用Word的好处。而我一直使用Word，或多或少也会为出版社继续使用Word带来好处。这可能是帕累托更劣的纳什均衡吧。

第 7 章

垄断与寡头垄断

各种类型的市场

在第 5 章中，我们学习了在所有企业都是价格接受者的完全竞争市场中可以实现市场均衡价格，使社会总剩余得到最大化。然而在只存在一家企业的垄断市场以及企业数量很少的寡头垄断市场中，企业并不是价格接受者。在这些不完全竞争市场中，企业会有意通过减产来抬高价格，从而增加利润。不过，在未来可能出现竞争对手的情况下，充分利用垄断地位可能并不一定最有利。

减产导致的价格上涨

石油输出国组织（OPEC）是由沙特阿拉伯和伊朗等产油国组成的联盟。2016年12月10日，OPEC与其他主要产油国的政府首脑进行会谈，就石油减产达成协议。此举在原油市场上引发了石油价格上涨，产油国的策略顺利奏效。

市场供给数量减少时，对应商品的价格便会上涨，这一点不仅限于石油。我们可以通过图7-1和图7-2来讨论这种情况。

首先，在市场均衡状态下，供给量是$Y*$，价格是$p*$。$B*$的面积表示生产者的利润之和，即生产者剩余（图7-1）。假设此时生产者将供给量减少为Y。这时价格会上涨到p，生产者剩余会增加到B（图7-2）。

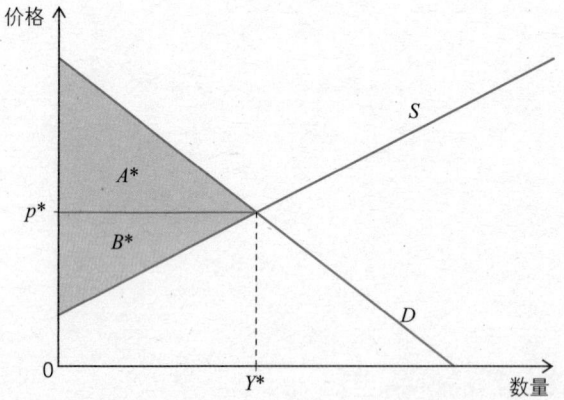

图 7-1　市场均衡下的情况。产量为 $Y^*(=D(p^*)=S(p^*))$ 的市场均衡下，社会总剩余实现最大化

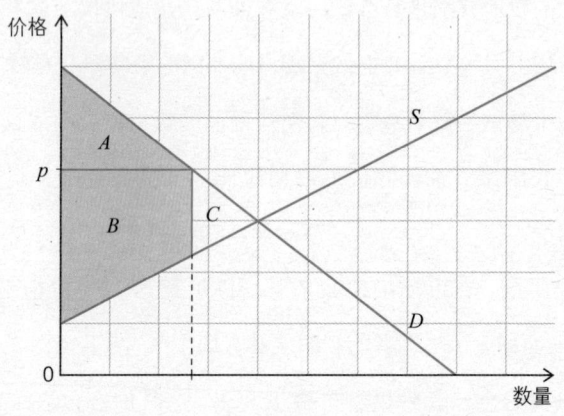

图 7-2　减产时的情况。生产者剩余 B 比原本的 B^* 面积大。消费者剩余 A 比原本的 A^* 面积小。社会总剩余 $A+B$ 比原本的 A^*+B^* 面积小

新的生产者剩余 B，比原本的 $B*$ 面积更大。因此将供给量从 $Y*$ 减少到 Y，对于生产者更有利。那么对于消费者来说是否有利呢，实际上并非如此。因为消费者剩余从 $A*$ 减少到了 A。那么，作为生产者剩余和消费者剩余之和的社会总剩余又会因减产而发生哪些变化呢。与市场均衡下的社会总剩余 $A*+B*$ 相比，减产后的社会总剩余 $A+B$ 减少了 C。虽然生产者可以因减产而获利，但消费者会蒙受更大的损失，因此从总体上看便产生了 C 的无谓损失。

无法用产量对市场决定的价格产生影响的企业叫作价格接受者。价格接受者即使减产，也不具有抬高价格的影响力。当市场上存在很多竞争对手时，每个企业都会成为价格接受者。所有企业都是价格接受者的市场叫作完全竞争市场，其他情况下的市场叫作不完全竞争市场（imperfectly competitive market）。只存在 1 家垄断企业的市场叫作垄断市场（monopolistic market），垄断市场当然也是不完全竞争市场。

对于垄断企业来说，自己的产量就是市场上流通的商品总量。因此，垄断企业可以强有力地通过产量来控制价格。比如通过减产抬高价格，就可以增加利润。当然，即使不是垄断企业，能够像垄断企业一样行动的联合组织也可以进行相同的操作。共同进行石油减产的产油国组织就是其中的一个例子。

与共同进行石油减产相似的例子，是在丰年里为了避免价格大幅下跌而将辛辛苦苦种出来的蔬菜销毁掉的农户。2012年白菜和卷心菜大丰收，在东京的大田市场，价格与往年相比下跌了将近30%。面对这种情况，全国农业组织联合会要求农户将蔬菜销毁。生产份额较多的长野县共有2175吨白菜和150吨卷心菜遭到废弃处理（《日本经济新闻》电子版，2012年9月18日）。

每一个单独的农户都是价格接受者，但是他们联合起来就不再是价格接受者，而变得可以像垄断企业一样行动。大规模的废弃处理可以引起价格上涨。销毁食物当然十分可惜。可能有读者认为免费送给人们要更好，但这样做会导致市场的需求相应减少，同样也会引发价格的大幅下跌。对于农户来说，销毁自己精心栽培的蔬菜令人心碎，然而不这样做的话就无法增加利润。

遏制进入

说到另一个话题，如果想要超越本书的水平，更正规地学习微观经济学,还是需要具备相应的数学能力。

我向想要扎实学习数学的读者推荐《经济学中的数学》(尾山大辅、安田洋祐编著,日本评论社)。这本书不但涉及的内容极为丰富,说明也很易于理解,实在是很好的教材。

从外形上来看,《经济学中的数学》开本比较大,共有380页。因此,它的制造成本应该是很高的。可是这本书的价格却只有2100日元(第1版第1次印刷的不含税价格)。一般来说,类似开本和页数的图书价格最低也要3800日元左右。

特别要提到的是,作为品质优良的经济数学教材,《经济学中的数学》可以说是独一无二、拥有垄断地位的商品。因此,即使将价格设定得更高,销售数量应该也不会减少很多。用第3章的术语来说,它的价格弹性应该是很低的。那么,这本书为什么要设定如此低的价格来追求薄利多销呢。

我并不知道这个定价真正的意图,也可能是把这本书视为一项慈善事业了吧。但是,只有一点我很确定。

那就是因为《经济学中的数学》的出版,曾动念"什么时候写一本经济数学方面的书"的我,完全失去了下笔的欲望。当然,我没有那么不知天高地厚,我不会说《经济学中的数学》是因为考虑到了我才定了这样的价格。

不过仅仅作为一种假设，假设我如果投入了极大的精力就也可以写出和《经济学中的数学》同样品质的经济数学教材。那么是否有出版社愿意以 2100 日元的价格来出版我写的这本教材呢，恐怕没有。我猜岩波书店也不想做这种买卖。

下面是我的分析：这种定价虽说很便宜但也要 2000 日元以上，内容又略难懂的经济数学教材，市场其实并不是很大。即使我写的书很成功，能够在一定程度上夺走《经济学中的数学》的读者，也只能做到薄利而无法多销。想到这些，应该没人会想制作这种吃力不讨好的商品吧。

也就是说，现有的物美价廉的商品打消了我和出版社参与经济数学教材市场的动机。而且可以推测，除了我以外，也有其他打消了写经济数学教材想法的潜在作者。

即使是拥有垄断地位的高品质商品，从长期看，在存在潜在竞争对手的市场中，高价格并不一定就能带来高利润。因为即使它暂时能够获得较高的利润，也会有新企业挑起价格竞争，导致长期的利润减少。

下面来看一个新企业挑起价格竞争的例子。

施坦威公司的钢琴在全世界的演奏者中享有盛誉，日本也有许多音乐厅配置了施坦威钢琴。有一个时期，松尾乐器商会是施坦威公司在日本国内唯一的代理商。也就是说，松尾乐器商会在日本国内的施坦威钢琴供给市场上占有垄断地位。

然而，施坦威公司在荷兰、德国等国外的代理店也销售钢琴。松尾乐器商会之外的其他日本商社可以从国外的代理店购买施坦威钢琴，进口到日本。也就是说，其他商社可以从国外进口施坦威钢琴，这些公司实际上也这样做了。

松尾乐器商会请求施坦威公司采取措施，禁止类似的平行进口。他们要求施坦威公司禁止其国外代理店将钢琴出售给日本商社。最初施坦威公司同意了松尾乐器商会的请求，但日本公正交易委员会认为这种做法违反了垄断禁止法并提出警告，所以进口业务又得以重新开始。

上面的经过总结起来，就是即使在现在这个时点是垄断企业，但将来可能会有竞争对手进入市场的情况下，垄断企业并不一定就能通过高价格获得好处。相比之下，有时刻意拉低价格，消除竞争对手进入市场的动力可能更为有利。

扩展式博弈

从这一节开始，我们来讨论能够完美解释上述情况的扩展式博弈（extensive form game）。某个参与者"先攻"，其他参与者"后攻",扩展式博弈是描述决策顺序导致的不同情况的分析工具。我们首先整理以下现有信息,然后采用名为博弈树(game tree)的图示来介绍扩展式博弈。

参与者是在位企业 A 和企图进入业界的企业 B。我们来考虑存 2 个阶段的扩展式博弈。

在第 1 阶段进行选择的是作为先攻的 A。针对自己垄断销售的商品,A 会选择采用"高价"或者"低价"进行销售。在第 2 阶段进行选择的是后攻 B。B 观察第 1 阶段 A 做出的选择,决定自己"参与"或者"不参与"同种商品的销售。两个公司的利润可以由此确定。

如果 A 选择采用高价的话,看到了这一选择的 B 会认为自己也有胜算,从而参与竞争。然而,如果 A 选择低价,B 会认为没有胜算而放弃参与。因为用低价来对抗低价,只会让自己蒙受损失。对预测到这种情况的 A 来说,最开始就选择低价销售,从而打消 B 参与动机的做法更为有利。图 7-3 的博弈树描述了这种情况的扩展式博弈。

在这个博弈中,A 选择低价,B 选择不参与,这一组合(低价,不参与)就是子博弈精炼纳什均衡(subgame perfect Nash equilibrium)的结果。子博弈精炼纳什均衡的结果体现了参与者预测"我这样做的话对方会那样选择",并在此基

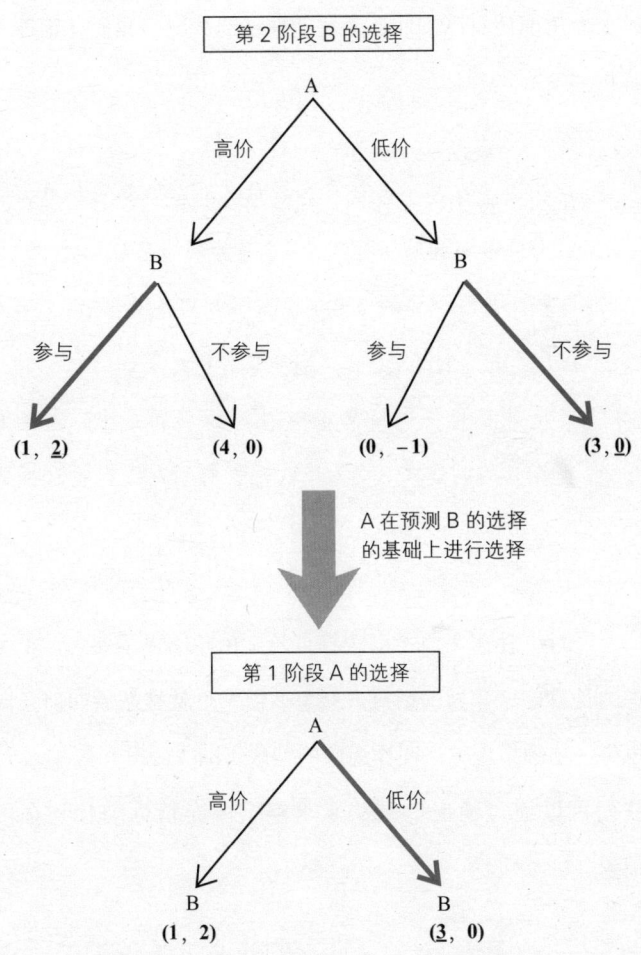

图 7-3 扩展式博弈。对 A 有利的做法是最开始就选择低价销售，打消 B 的参与动机。括号内的数字表示（A 的利润，B 的利润）

础上做出能使自己利润最大化的选择的情况。我们仔细逐一分析一下 A 的想法。

- 如果选择高价的话 B 会参与吗？应该会参与吧。因为 B 参与的利润是 2，不参与的利润是 0。
- 如果选择低价的话 B 会参与吗？应该不会吧。因为 B 参与的利润是 -1，不参与的利润是 0。
- 也就是说，选择高价时自己的利润是 1，选择低价时的利润是 3。选择低价更有利，那么就选择低价吧。

经过上述思考，A 会选择低价，B 会选择不参与。A 考虑的是自己这样做的话对方会怎么做，也就是从后向前逆向思考。这种推论方法叫作逆向归纳法（backward induction）。我们可以通过逆向归纳法来求解子博弈精炼纳什均衡的结果。

古诺寡头垄断市场

这一节我们来看古诺寡头垄断市场（Cournot duopoly

market)。在古诺寡头垄断市场上,生产同一种商品的企业A和企业B,分别决定各自的产量,总产量决定市场价格,从而决定各个企业的利润多少。

第3章中学习的伯特兰德寡头垄断市场中,供给者(卖咖啡的约翰和保罗)选择的是价格。而在古诺寡头垄断市场中,供给者(企业A和企业B)仅能选择自己的产量。

古诺寡头垄断市场中,企业的产量会影响价格,因此不是价格接受者。而且其他企业的产量也会影响价格,因此又与垄断企业不同。这种仅有少数企业存在的市场叫作寡头垄断(oligopoly),企业数量为两个时叫作双头垄断(duopoly)。

为了简化说明,我们假设每个企业可以在"少量""中量"和"大量"中选择自己的产量。可能出现的情况有3×3=9种。图7-4展示出各种情况下两家公司的利润。比如A生产少量,B生产中量时,A的利润是4,B的利润是8。仔细观察图7-4,A和B都选择少量的组合(少量,少量)可以使两家公司都获得较高利润(7,7),看似是很好的选择。这种情况从直观上理解,就是商品的稀有价值提高,因而价格也会随之升高。图7-4中的数值大致体现了这种直观印象。

然而(少量,少量)是很难实现的。因为在对方选择少量时,无论是A还是B,选择中量都更为有利。这是因为,假设 B 选择了少量，A 选择少量时的利润是 7，而选择中量时的利润是 8，选择大量时的利润是 6。

B A	少量	中量	大量
少量	7，7	4，8	3，6
中量	8，4	5，5	2，2
大量	6，3	2，2	1，1

图 7-4 利润表

那么，最终会实现哪种情况呢。从结论来说，就是 A 和 B 都选择（中量，中量）。假设现在处于其他情况，比如（少量，少量），这种情况并不会持续下去。为了理解其中的缘由，我们可以站在 A 的角度来看利润表。

如果 B 选择生产中量，那么 A 该怎么办呢。结论是 A 应该也会选择中量。我们可以从直观上来解读代表利润的数字。现在 B 选择了中量。A 如果此时选择大量生产，便会引起价格大幅下跌，利润只有 2。那么如果 A 选择生产少量商品，虽然不会引发价格大幅下跌，但由于产量过少，利润只能达到 4。而如果生产中量，价格和产量都能保持适中，利润可以达到 5。因此对 A 来说，选择中量是最有利的。同样，如果 A 选择了中量，B 也是选择中量最有利。

像（中量，中量）这种，对于参与者来说，只要对手做了现在的选择，自己也是现在的选择更有利，这种情况叫作"纳什均衡"（参考第 6 章）。

这个例子中，只有（中量，中量）是纳什均衡，其他情况都不是纳什均衡。比如在（大量，中量）的情况下，A 只要放弃大量而生产中量，就可以使利润从 2 上升到 5，从而获利。因此（大量，中量）不是纳什均衡。

对于 A 和 B 来说，与纳什均衡的（中量，中量）相比，（少量，少量）的情况可以使利润从 5 上升到 7。也就是说，不考虑消费者的利益，只考虑生产者 A 和 B 的话，（少量，少量）比起（中量，中量）是帕累托更优的（参考第 6 章）。如果 A 和 B 约定共同提高长期利润，则有可能持续实现（少量，少量）的情况。这里的约定与第 3 章伯特兰德价格竞争中的约定遵循相同的原理，大家可以重新翻看前面的相应章节。

第 8 章

风险与保险
确定性与不确定性

第 8 章将会考察存在不确定性的"未定商品"。未定商品是指只有在特定条件下才会发生某些行为的商品,例如只有在将来生病时才能领取保险金的保险等。下面我们就以期望效用理论为基础,来考虑哪些人会为保险花更多的钱,以及为什么保险可以成为一项业务产生利润吧。

未定商品

购买人寿保险时，恐怕很少有人是兴高采烈的吧。想象一下把在商店里一眼就喜欢上的衣服或者随便翻阅时吸引到自己的书拿去付款时的心情，又或是在喜欢的餐厅点一份自己喜欢的午餐时的心情。我想可能很少有人是怀着类似心情去购买人寿保险的。

毕竟，人寿保险这种商品是要在自己死了以后别人才能领到钱的。家庭的顶梁柱常会考虑自己遭受意外或因病去世的可能性而购买人寿保险。想必考虑这种严肃的状况也不太可能让人欢欣雀跃。

不过人寿保险与衣服、书和午餐的不同之处，并不只是购买时的心情。人寿保险是约定在合同有效期内如果被保险人死亡，其指定的受益人便可以要求保险公司支付保险金的商品。而衣服、书和午餐等商品都不会在将来"如果"发生什么的情况下进行给付。

将来，如果被保险人死亡这个"如果"的条件成立，受益人可以要求保险公司支付约定的金额。如果这个条件不成立，就不能要求支付。像这样只有在将来特定的条件成立时才能进行特定行为的商品叫作未定商品（contingent commodity）。

未定商品是与概率或投资相关的商品。比如彩票，只有印在券面上的号码和公布的中奖号码相同时，才能用来兑换奖金。赛马的马券和在赌场押在转盘上的筹码也是一样。股票和证券等金融商品也是交易价格会随着经济及经营情况每天变动的未定商品。

与上述商品稍有不同的美术品也属于未定商品。现代美术品不但是爱好和鉴赏的对象，还是投资对象。对购买看似前途光明的新锐作者的作品的投资家来说，这些作品就是未定商品。只有"将来作者受到更高评价"这个条件成立，他才有可能将画作高价出售。

不确定性

下面我们以彩票为例来考察未定商品。假设现在正在销售一种彩票,购买者有 50% 的概率可以得到 10000 日元,还有 50% 的概率会得到 0 日元(也就是说 1 日元也得不到)。你愿意花多少钱来购买 1 张这样的彩票呢?假设买了彩票之后可以立刻得知结果,奖金也可以即刻支付。

对于我个人来说,我为这种彩票最多只愿意支付 1000 日元。因为我觉得特意去买这种彩票(可能)会遭受损失,是浪费钱。如果价格超过 1000 日元我就不会买,如果正好 1000 日元我会觉得买不买都可以,如果是 1000 日元以下我会选择购买。也就是说,对我来说,确定的 1000 日元和各有一半概率获得 10000 日元或 0 日元的彩票是无差异的。

像这种,与不确定的彩票无差异的确定金额叫作彩票的确定性等价(certainty equivalence)。确定性等价的概念便于将人们对待风险的态度进行分类。

我出于主观感受将确定性等价定为 1000 日元,想必也有人愿意为之付出 5000 日元,或者也有人 1 日元也不想花。这里体现了人们对待风险的态度。那么,对待风险的不同态度到底是由于人们哪种偏好的不同导致的呢。我们可以根据"从金钱得到的效用"来理解这一点。

现在,我们假设一个人对不同金额 m 的金钱都会持有一个表示满意度的数值 $U(m)$。为了简化说明,接下来我们将

表示满意度的数值 $U(m)$ 叫作效用（utility），将 U 叫作效用函数（utility function）。

一般来讲，金额增加，效用自然也会增加。也就是说，当 m 增加时 $U(m)$ 也会增加。不过，效应能够增加多少因人而异。首先我们来看图 8-1 中的效用函数。这个效用函数体现出边际效用递减（decreasing marginal utility）的特点，即金额增加时效用也会增加，但效用增加的量会逐渐减少。

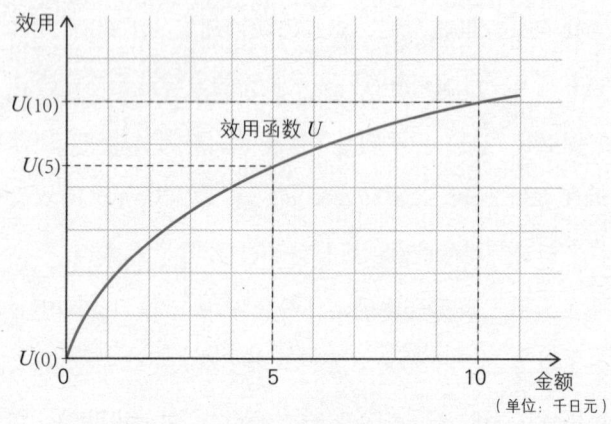

图 8-1　金钱的边际效用递减的效用函数 U。5000 日元变成 2 倍的 10000 日元，效用却不会增加到 2 倍

图 8-1 的效用函数的特征是即使金额变成 2 倍，效用也不会增加到 2 倍。比如，如果用 1000 日元为单位来表示数值，

5000 日元的效用是 $U(5)$，10000 日元的效用是 $U(10)$。5000 日元的效用的 2 倍是 $U(5)+U(5)$，但这要高于金额增加 2 倍时的效用 $U(10)$。

接下来开始我们来看期望效用理论（expected utility theory），该理论认为"人们会以用概率对效用进行加权平均得出的期望效用来评价未定商品"。各有一半的概率得到 10000 日元或者 0 日元的彩票，其期望效用是 $0.5 \times U(10)+0.5 \times U(0)$。然而，这个彩票的期望收益，是金额乘以概率再求和，也就是 5000 日元（0.5×10000 日元 $+0.5 \times 0$ 日元 $= 5000$ 日元）。期望效用不是指对金额的期待值，而是对效用的期待值。

根据图 8-2，我们可以得知 $U(3) = 0.5 \times U(10) + 0.5 \times U(0)$。这意味着有 100% 的概率能得到 3000 日元的彩票和各有一半的概率得到 10000 日元或 0 日元的彩票具有相同的期望效用。有 100% 的概率得到 3000 日元的彩票也就是一定能得到 3000 日元（得到这 3000 日元的效用就是期望效用）。因此，对图 8-2 的这个人来说，彩票的价格高于 3000 日元就不会买，低于 3000 日元就会买。也就是说，对于他来说，确定性等价是 3000 日元。

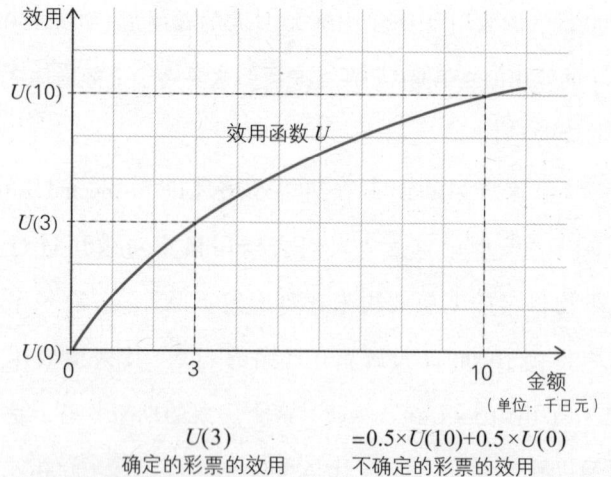

图 8-2 期望效用和确定性等价。对各有一半概率得到 10000 日元或 0 日元的彩票和确定得到 3000 日元的喜爱程度相同。该彩票的确定性等价是 3000 日元。期望效用是风险厌恶型。

对于金钱边际效用递减的人来说,彩票没有中奖时的打击更大,因此喜欢确定得到更少数量的金钱,确定性等价会低于期望收益。这叫作风险厌恶(risk aversion)。正因为大多数人都是风险厌恶型的,保险才能够成为一种商品。

风险爱好与风险中立

对金钱边际效用递增的人来说,彩票中奖时的喜悦更大，因此彩票的确定性等价要高于期望收益。这叫作风险爱好（risk loving）。图 8-3 是一个边际效用递增的例子，在这种情况下，各有一半概率得到 10000 日元和 0 日元的彩票的确定性等价是 8000 日元。对这个人来说，得到 10000 日元时的喜悦非常巨大，所以虽然只有 50% 的概率会发生，但他仍愿意为这张彩票支付 8000 日元。

对于金钱的边际效用保持不变的人来说，彩票的确定性等价和这张彩票的期望收益是一致的。这叫作风险中性（risk neutral）。以图 8-4 为例，各有一半的概率得到 10000 日元和 0 日元的彩票的确定性等价与期望收益相同，是 5000 日元。

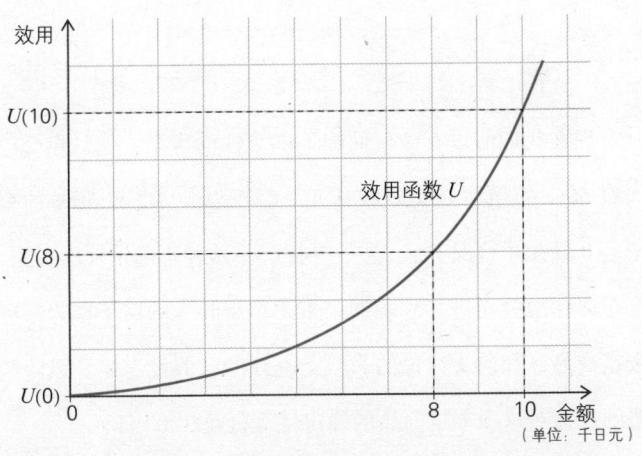

图 8-3　金钱边际效用递增的效用函数 U。这是确定性等价是 8000 日元的例子。期望效用是风险爱好型

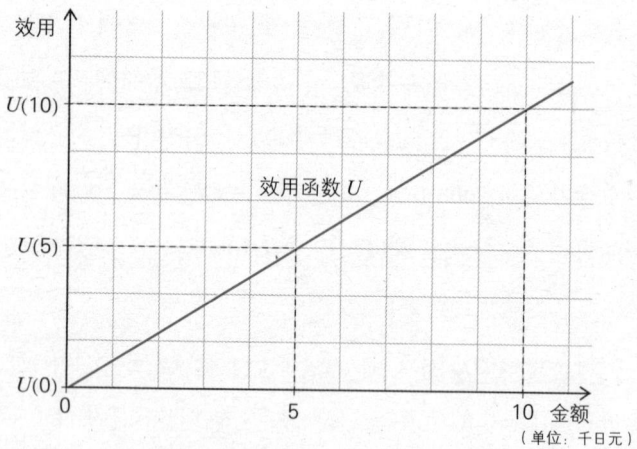

图 8-4　金钱边际效用不变的效用函数 U。这是确定性等价是 5000 日元的例子。期望效用是风险中立的

保险公司与风险溢价

现在我们假设有一位面临不确定性的房东，他的租金收入有 50% 的概率是 10000 日元（情况 A），也有 50% 的概率是 0 日元（情况 B）。为了寻找解决这种不确定性的方法，房东向保险公司进行了咨询。带来租金收入的房子作为一种未定商品，和前文讨论的彩票是一样的。假设房东是风险厌恶的，他对这项未定商品的确定性等价是 3000 日元。

保险公司向房东提出了如下方案："如果出现了房租收

入是 10000 日元的情况 A，你向本公司支付 7000 日元。相反，如果出现了房租收入是 0 日元的情况 B，本公司向你支付 3000 日元"。

也就是说，这是一个无论出现情况 A 还是情况 B，房东都能获得 3000 日元收入的保险方案。因为房东对这种彩票的确定性等价是 3000 日元，所以他勉强可以接受这个方案。

那么现在请大家回想一下，这个彩票的期望收益是 5000 日元（0.5×10000 日元 +0.5×0 日元 =5000 日元）。期望收益与确定性等价的差额叫作风险溢价（risk premium）。该例子中的风险溢价是期望收益的 5000 日元和确定性等价 3000 日元的差额，也就是 2000 日元。这是保险公司在与房东签订合同时所设想的收入，也就是代替房东承担风险而带来的收入。

不过，这真的就是"收入"吗？虽然出现情况 A 时保险公司可以得到 7000 日元，但出现情况 B 时却要蒙受 3000 日元的损失。也就是说，作为风险溢价的 2000 日元在签订合同的阶段并不确定会成为收入。

但是，我们可以假设保险公司与许多类似的房东签订了相同内容的保险合同。再假设包括这个房东在内的所有人中，有些会出现情况 A，有些会出现情况 B，大家都单独面临情况 A 和情况 B。

这样一来，如果签订合同的人数足够多，那么出现情况 A 的人大约会有 50%，出现情况 B 的人大约会有 50%。这与许多人同时掷骰子，掷出每一面的人数所占的比例大约都是六分之一是相同的道理。

为了简化问题，我们假设有 10 万人和保险公司签订了合同。保险公司从其中的大约 5 万人那里得到 7000 日元，向其余大约 5 万人支付了 3000 日元。也就是说，保险公司从每一个出现了情况 A 的人收取 7000 日元，从中抽出 4000 日元，再将剩下的 3000 日元支付给出现了情况 B 的人。抽取的金额总数大约 5 万个 4000 日元，也就是约 2 亿日元。用签订合同的总人数 10 万来除一下，得到约 2000 日元，基本和风险溢价的金额相同。也就是说，保险公司通过与很多人签订内容相同的合同，对整体风险进行了对冲，从而以极高的概率获得利润。

逆向选择

好莱坞女星安吉丽娜·朱莉，在基因检测中发现自己 BRCA1 基因异常。根据医生的说法，如果不采取任何措施，她有 87% 的概率会患乳癌，50% 的概率会发展为卵巢癌。曾经目睹母亲、祖母、叔母因这些癌症早早离世的朱莉在自己患上癌症之前，便接受了乳房、卵巢和输卵管的切除手术（Angelina Jolie Pitt "Diary of a Surgery" The New York Times, March 24, 2015）。

特定疾病的患病概率因人而异。现在我们假设对于某种疾病，存在容易患病的高风险人群和不容易患病的低风险人群。假设每个人都知道自己属于高风险人群人群还是属于低风险人群，不过保险公司并不知道。也就是说，关于风险类型，保险的加入者和保险公司之间存在信息不对称性（asymmetric information）。

我们来考察一下保险公司针对这种疾病销售保险的情况。保险公司不知道谁属于高风险人群，谁属于低风险人群。因此，只能对所有人以相同的价格进行销售。

那么，哪些人会购买这种保险呢？恐怕高风险人群会更多吧。随着时间的推移，高风险人群以较高概率患上了这种疾病，注意到这一点的保险公司会调高保险费。这样一来，低风险人群更加不会购买保险，这自然又会提高保险购买者中高风险人群的比例。这种情况叫作逆向选择（adverse selection）。

消除逆向选择的最简单的方法就是不论每个人的风险高低，所有人都被强制加入保险。日本的全民保险制度正是这样做的。这种制度由整个社会来对冲各种各样的人的风险，可以说是风险的社会化。

消除逆向选择还有另一个方法，就是保险公司要求购买者公开信息。例如在审查资料时，要求购买者提供基因检测的结果。高风险人群或是被拒绝，或是被征收更高的保险费。相反，低风险人群可以选择不参加，或者支付更低的保险费。这可以说是风险的个人化。

在现阶段，基因检测尚未普及，个人申请购买保险时还不会被要求提供检测结果。不过现在也有很多人会因为既往病史而被商业保险公司拒之门外。因此在基因检测普及的将来，某些基因异常的人被商业保险公司拒之门外，似乎也不是什么不可思议的事情。

可能有人会觉得，谁都无法在出生时选择自己的基因，因基因异常而被保险公司拒绝是很残酷的事情。然而商业保险公司为了追求利润而排除高风险人群，就是不对的吗？这是一个关系到保险伦理的难题。正是这个难题，不论基因如何都要求所有人参加的公共保险制度才有着存在的意义。

第 9 章

公共产品
有利于所有人的产品为什么总是不够

在之前的章节中，我们都假设产品像水和食物一样，是由其所有者独自享用的（即使可以赠予别人，也只能由得到该产品的人自己享用）。这样的产品叫作"私人产品"。第9章要讨论的是私人产品之外的产品。"公共产品"可供大家共同使用，即使是对生产没有做出任何贡献的人也可以使用，如果仅靠人们自发供给，其数量总也是无法满足需求。

商品的四种分类

学习了这么多年经济学，我最深的体会就是"太阳太伟大了"。无论有多少烦恼，只要到晴天的海岸、河边或者原野上游玩，所有烦恼都就好像不那么重要了。就连马上就到截止日期的工作，我也会觉得其实并没什么大碍，等到对方真发火了再做也不晚，或者认为把工作分派给我的家伙才有问题。或许在阳光下活动一下身体，提升幸福感的神经递质就能流动得更加顺畅了。说到底其实并没有什么烦心事，只是大脑有处于烦恼的状态之中，而我们只要从物理上改变这种状态就好了。

十分抱歉我又讲起了自己的想法，接下来我们就回到经济学的话题上吧。

人类和植物不同，无法进行光合作用。也就是说，人为了活下去必须要有水和食物。那么像太阳这样的东西和水、食物等商品在消费过程中究竟有哪些不同呢。我们来列举两个水和食物都满足，但太阳却不满足的性质。各种各样的物品都可以根据这些性质来分类。

- "竞争性"无法供多人同时使用
- "排他性"只有为其做出贡献的特定的人才能使用

水和食物都具备竞争性。我喝的水、吃的东西，别人是不可能喝到吃到的。同时，水和食物也具备排他性。我所拥有的水和食物只有我自己或者经过我许可的人才能享用。

然而，太阳既不具有竞争性也不具有排他性。我沐浴阳光时，其他人也一样可以享受阳光。任何人都可以享受太阳的恩泽。无论是没交税的人，还是没交会费的人，都可以沐浴阳光。

太阳的存在实在是慷慨无私。既没有人生产出太阳，也没有人付过生产成本。不过一般来说，既不具备竞争性也不具备排他性的物品，也就是谁都可以享受的物品，并不会自然而然地自动产生。大多数情况下，都是由人供给的。

具备竞争性和排他性的物品叫作私人产品（private

goods）。前文虽然没有明确说明，不过本书在考察市场时默认所有的商品都是私人产品。那么在本章中，我们就来了解一下既不具备竞争性也不具备排他性的公共产品（public goods）。首先我们来看几个公共产品的例子。

[公共产品的例子]
- 国防服务　抵御敌对国家的入侵，保卫本国，可以使整个国家的国民都同时从国防中受益（非竞争性）。即使是没有交税的人，也可以从中受益（非排他性）。
- 普通道路　即使别人也在使用道路，只要人数没有多到导致堵车的程度，大家就可以同时使用（非竞争性），没有交税的人也不会被限制使用（非排他性）。

商品的非排他性包括几种不同的情况。比如技术上的非排他性，从社会角度考虑的非排他性，或者出于经济原因的非排他性等。

就国防服务而言，即使是没有交税的人，也无法从物理上将其排除在外。另外，生命身体安全是一项基本人权，从社会角度考虑也不能将其排除。

就普通道路而言，即使是没有交税的人，也拥有"自由移动"的基本人权，从社会角度考虑不应该将其排除在外。同时，要限制没有纳税的人对普通道路的使用，必须设置监控器或关卡等，需要支出大量费用，因此出于经济上的考虑也不能将他们排除在外。

俱乐部产品（club goods）不具备竞争性但具备排他性，其中一个例子就是高速公路。只要人数没有超过会引起堵车的程度，大家就可以同时使用高速公路（非竞争性）。但是，没有缴纳费用的人不能使用（排他性）。高速公路提供收费服务的理由是因为其服务内容超出了保障移动自由的基准，因此不存在人权方面的问题。

公共池塘产品（common pool goods）具备竞争性但不具备排他性，其中一个例子就是渔场。从哪位渔民能捕到鱼这一点来看，在渔场中大家在进行竞争（竞争性）。但只要持有渔业权许可证，捕鱼活动本身不会受到限制（非排他性）。如果大家不控制捕鱼的数量，就会导致滥捕，从而引发海洋资源的枯竭。

图 9-1 总结了这四种产品的分类。

	竞争性	非竞争性
排他性	私人产品	俱乐部产品
非排他性	公共池塘产品	公共产品

图 9-1 物品的分类

公共产品的自发供给

现在来看公共产品的自发供给问题。我们的问题是：既不具备竞争性也不具备排他性的产品，能够通过人们的自发行动确保足够的供给吗？为了更加准确地表达这个问题，我们来看下面的情况。

现在有 A 和 B 两个人。A 选择将自己的钱或者"捐赠"或者"不捐赠"给公共产品。B 也和 A 一样，选择将自己的钱或者"捐赠"或者"不捐赠"给公共产品。

对于 A 和 B 来说，无论自己是否捐赠（非排他性），都可以同时享用公共产品（非竞争性）。自己捐赠的公共产品除了自己以外，其他人也可以从中获利。也就是说，即使自己不捐赠，也可以从他人的捐赠中受益，即搭便车（free ride）。如果 A 和 B 都想搭便车，就不会有人供给公共产品。

我们来看图 9-2 的收益矩阵所表示的情况。这幅图中的 4 个格子对应着可能发生的 4 种情况。它们分别是：（1）A 和 B 都捐赠；（2）只有 A 捐赠；（3）只有 B 捐赠；（4）A 和 B 都不捐赠。每个格子里的数值是左边代表 A 的收益，右边代表 B 的收益。对收益矩阵数值的计算有兴趣的读者可以参考图表下面的说明。

A \ B	捐赠	不捐赠
捐赠	4, 4	2, 5
不捐赠	5, 2	3, 3

图 9-2　收益矩阵

> 　　该收益矩阵的数值是根据如下计算得出的。首先，A 和 B 分别持有 3 个私人产品。A 和 B 都只有 2 个选项，即将自己的私人产品全部捐赠，或者完全不捐赠。A 和 B 捐赠的私人产品之和的 2/3 会变为公共产品。也就是说，3 个私人产品可以转换为 2 个公共产品。A 和 B 的收益分别是自己手头剩余的私人产品和公共产品数量之和。
> - 没有人捐赠的情况。公共产品的数量是 0 的 2/3 倍，依然是 0。A 的收益是 3 个私人产品加上 0 个公共产品，也就是 3。B 与之相同。
> - 只有 A 捐赠的情况（只有 B 捐赠的情况相同）。公共产品的数量是 3 的 2/3 倍也就是 2。A 的收益是 0 个私人产品加上 2 个公共产品，也就是 2。B 的收益是 3 个私人产品加上 2 个公共产品，也就是 5。
> - A 和 B 都捐赠的情况。公共产品的数量是 6 的 2/3 也就是 4。A 的收益是 0 个私人产品加上 4 个公共产品，也就是 4。B 与之相同。

在这种情况下，A 会选择捐赠还是不捐赠呢？如果 B 选择捐赠的话，A 选择不捐赠要更有利（因为 5 大于 4）。同时，如果 B 不捐赠的话，A 也是不捐赠更有利（因为 3 大于 2）。因此，无论 B 捐赠还是不捐赠，对于 A 来说都是不捐赠更有利。

就像本例中的"不捐赠"，无论对手做出何种选择，对于自己来说最有利的选项总是相同，自己的这个选项就叫作占优策略（dominant strategy）。对于 A 来说，不捐赠是占优策略。同样的道理对于 B 也成立。也就是说，无论 A 捐赠还是不捐赠，对 B 来说都是不捐赠更有利，因此 B 的占优策略也是不捐赠。

A 和 B 都选择占优策略的"A 不捐赠，B 不捐赠"的状态叫作占优策略均衡（dominant strategy equilibrium）。在占优策略均衡下，A 的收益是 3，B 的收益也是 3。那么，这对两人来说是最好的状态吗？其实并不是。在"A 捐赠，B 捐赠"的状态下，A 的收益是 4，B 的收益也是 4。也就是说，两人都不捐赠时的收益是 3，而两人都捐赠时收益会上升到 4。

如果能从两者都不捐赠的状态变成两者都捐赠的状态，他们的收益会分别从 3 上升到 4。也就是说，可以达到帕累托更优的状态。然而如果将公共产品交由每一个参与者自发供给，则会形成帕累托更劣的结果。面对这种情况，政府强制征税作为财源来实现公共产品的供给便是解决方法之一。

不过，政府能否恰当地决定应该向谁征收多少税，又应该以何种数量供给公共产品，则是另一个难题。将自由放任经济无法解决的问题交给政府，也不一定能保证会得到顺利解决。机制设计（mechanism design）这一专业领域将博弈论运用于制度设计，研究的就是何种社会制度才能更好地发挥作用。

第 10 章

再分配

如何衡量贫富差距和贫困

市场是增加社会整体财富的有力机制，社会总剩余可以在完全竞争市场实现最大化，这就是最好的例证。不过，市场虽然能够使社会财富纵向增加，却不具备横向分配财富的能力。如果没有可以卖出的东西就买不起其他东西，深陷困境的人们赖以为生的救助网络也不是原本就有的。我们在第 10 章中将要学习有关贫富差距和贫困的指标，来衡量财富是如何横向分配的。

收入再分配

我特别喜欢钱。

有了钱就可以舒适地享受生活，还可以减轻痛苦。虽然幸福无处可买，但有了钱就不用遭受没钱带来的不幸了。多么希望我能拥有足够的钱，可以确保自己整个一生就尽情享受，可是我现在赚到的钱根本没有那么多。

所以我每天都要工作。（大多数情况下）只要工作就能赚到钱。我将自己的劳动提供给对方，对方向我支付报酬。这个交换是我自愿决定的，对方也一定是这样。双方都是自发的，没有受到别人的强制，因此我觉得没什么不可以。凭借自发性来确保交换的公平，这是所有权论的观点之一。

不过，我所获得的劳动报酬，真的应该全都属于自己吗？这一点我也不太肯定。我相信自己确实是倾注了劳动。

但我之所以能做到这一点，是因为在迄今为止的人生中，我出于种种偶然受了高等教育，得到了奖学金，才成了具有相应能力的劳动者。换句话说，我的报酬中的一部分，或者几乎全部，都是幸运的产物。由幸运带来的这部分报酬，到底是否应该属于我呢？虽然当作自己的也没有太大问题，但这样是否公正就又是另一个问题了。

更进一步说，就算是"付出努力所获得的报酬"，领取报酬的人也只不过是有幸具备可以努力的才能而已。他应该将这些报酬据为己有吗？再这么考虑下去，问题就会无休无止。然而，无休无止并不意味着不需要判断好坏。

此外，我们说是自发交换，也并非所有的"自发交换"都是真正自发的。对于那些在恶劣的环境中长大，勉强活到了可以工作的年龄却只能找到条件很差的工作的人来说，恐怕是说不上自发选择的自由吧。

在神明掷下命运的骰子之前，所有人都是平等的。将钱从由于幸运而得到了钱的人手中转移到因为不幸而赚不到钱的人手里，可以说纠正了不平等的结果。从这个角度来说，这样做是公平的。这种观点从公平的角度为收入再分配制度找到了合理的依据。

此外，收入再分配制度作为保险也具有其存在依据。人生命运变幻莫测，谁都可能患病、遭遇事故或受到灾害的侵袭。生活最低保障等收入再分配制度有利于避免人们在这些时候由于没钱而陷入困境。显然，类似制度对人们更有利。这种观点从得失的角度出发，认为应该像支持保险一样支持收入再分配。

不过，这种从得失角度出发的观点并不能充分支持收入再分配。因为富裕的人即使生病、遭遇事故或灾害，从金钱方面来看都可以自己承担损失。也就是说，收入再分配并不是"对所有人都有利"。从得失角度出发给出的理由无法将可以为再分配提供雄厚资金的富裕阶层纳入制度之中。不过它可以将"虽然对公平没有兴趣，但因为对自己有利而支持收入再分配的人"纳入制度。作为收入再分配的存在理由，公平的角度和得失的角度都是不可或缺的。

基尼系数

衡量收入不平等程度的指标，便于我们考察收入再分配问题。有了这些指标，就可以客观地把握某些不平等状态，思考何种再分配对大家更有利。基尼系数（Gini index）就属于这样的指标。基尼系数很常用，在媒体上也经常出现。

下面让我们就用一个简单的例子来看一看基尼系数到底是什么。

假设现在有 A、B、C 三个人。A 的收入是 1，B 的收入是 3，C 的收入是 6。也就是说，A、B、C 的收入分布是（1，3，6）。计算这些人收入差距之和，再将其标准化到 0 和 1 之间，就得到了基尼系数。

计算过程大概可以分成 2 步，详细的过程请参照图 10-1 的说明。通过计算可以得知，收入分布（1，3，6）的基尼系数是 0.33。

现在，A、B、C 的收入分布是（1，3，6），接下来从富有的 C 转移给贫穷的 A 1 个收入，收入分布就变成了（2，3，5）。此时，基尼系数下降为 0.2。即使经过了此次转移，C 比 A 更加富裕的事实并没有改变。这种不会逆转二人贫富状况的、从富人到穷人的收入转移叫作庇古−道尔顿转移支付（Pigou-Dalton transfers）。庇古−道尔顿转移支付可以降低基尼系数。

持续进行庇古−道尔顿转移支付的话，收入分布最终会变为所有人收入相同的完全平均分布。此时基尼系数变为 0。相反，由 1 个人占有所有所得的完全不平均分布下，基尼系数变为 1（或足够接近 1 的数值）。

> **收入分布（1，3，6）的基尼系数的计算**
>
> 第1步
> - [关注A] A和A的收入差距当然是0，A和B的收入差距是3−1=2，A和C的收入差距是6−1=5。所以与A相关的收入差距之和是7。
> - [关注B] 进行和A相同的计算，可以得到与B相关的收入差距之和是5。
> - [关注C] 进行和A相同的计算，可以得到与C相关的收入差距之和是8。
> - [收入差距的总和] 将与每一个人相关的收入差距之和加总，得到7+5+8=20。这就是该集合的收入差距的总和。
>
> 第2步
> - [标准化] 接下来需要将数值转换为0到1之间的数字。这个例子中人口是3，乘以总收入10，再乘以2就得到60。除了这个例子以外，所有计算都可以用（人口 × 总收入 ×2）去除收入差距总和，一定会得到0和1之间的数值。
> - [导出基尼系数] 用收入差距总和20，除以用于标准化的数值60，20/60=0.33，这就是基尼系数。

图10−1 基尼系数的计算过程

基尼系数只是衡量相对收入不平等程度的指标，并不具备评价财富增加程度的功能。我们通过下面2个例子来说明这一点。

[例1] 比较收入分布X=（1，3，6）和Y=（1万亿，3

万亿，6万亿）可以发现，二者的基尼系数都是0.33。也就是说，即使所有人的收入都变为了原来的1万亿倍，基尼系数仍不会改变。

[例2]接下来比较收入分布X=(1，3，6)和Z=(1，3，7)。收入分布从X变为Z，A和B的收入都没有改变，只有C的收入增加了。根据第9章介绍过的用语，没有任何人蒙受损失，有人获利的情况叫作帕累托改进（Pareto improvement）。这个例子中从X到Z的变化是帕累托改进。读者可能认为帕累托改进是一件好事，但这里的帕累托改进使最富裕的C变得更加富裕，因此基尼系数上升了。

对累积收入分布的补充说明

接下来对基尼系数做一些补充说明。对于收入分布(1，3，6)来说，其累计收入分布是指按收入从低到高的顺序依次累计起来得到的(1，1+3，1+3+6)=(1，4，10)。为了使其位于0和1之间，用累计收入分布除以总收入10的话，就得到了(0.1，0.4，1)。由此我们可以得知，"收入最低的1/3人口的收入占总收入的0.1""收入最低的2/3人口收入占总收入的 0.4"。

在所有人收入相等的完全平等收入分布下,"收入最低的 1/3 人口的收入占总收入的 1/3""收入最低的 2/3 人口的收入占总收入的 2/3"。在人数众多时,基尼系数可以表示为"实际的(标准化之后的)累计收入分布"与"完全平等时的(标准化之后的)累计收入分布"之差,如图 10-2 所示。

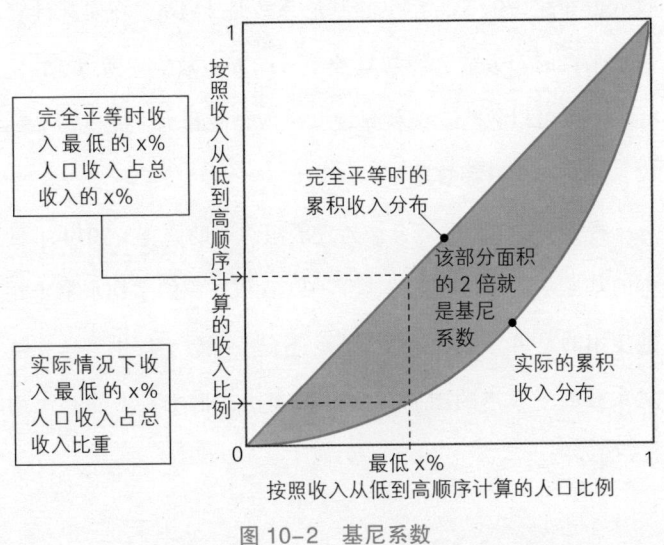

图 10-2 基尼系数

以上内容的证明过程比较复杂,本书在此不做介绍。重要的是，我们要知道通过加法和除法计算定义的基尼系数可以像这样用图示来表示。因为报纸和杂志经常会用类似图来说明基尼系数。他们这样做的原因很简单，因为没人想看报纸和杂志用加法和除法来计算基尼系数。不过想要计算基尼系数，理解其各种性质的话，还是用加法和除法的做法更方便。

仔细解释一下的话，当人数为 n 时，最不平等的"仅有 1 人占有全部收入"的完全不平等收入分布（比如 n=3 时的收入分布是（0，0，1））的基尼系数是 $1-1/n$。在实际计算基尼系数时，人数 n 经常是数千万的庞大数值，所以 $1/n$ 这一项一般可以忽略。也就是说，一般会解释为"完全不平等收入分布的基尼系数是 1"。

根据 OECD（经济合作与发展组织）的调查，2014 年日本的基尼系数是 0.33，略高于 OECD 成员国的平均水平（此处使用的是再分配后的数值）。还有一些数字仅供参考：基尼系数高于日本的国家有 0.39 的美国，低于日本的有大约 0.3 的韩国。

绝对贫困和相对贫困

下面我们把话题从收入差距转移到贫困。首先，贫困大致可以分为 2 种。一种是绝对贫困（absolute poverty），指维持生命的最低限度的必需品也得不到满足。世界银行规定的贫困线是"日平均收入 1.25 美元"，这是判断绝对贫困的标准之一。

另一种贫困是相对贫困（relative poverty），指和周围相比，生活水平显著偏低。以与小学同年级学生相比为例，只有自己穿着磨破的衣服，从没有过家庭旅行，从没收到过圣诞礼物等，都可以说是相对贫困。与绝对贫困相比，相对贫困总是以"能活着不就很好吗"的理由被忽略。但相对贫困的人在社会中维持着悲惨的生活，很难保持尊严，也很难与他人进行交流。

相对贫困线（relative poverty line）大多采用 OECD 的标准，即通过收入分布中位数的 50% 来判断。

我们可以举例，用具体数值来说明收入中位数的 50% 是指什么。假设现在有 7 个人，收入分布从低到高排列是（1，1，2，3，4，6，7）。在这里，中位数是 7 人当中第 4 低（= 第 4 高）的收入，也就是 3。3 的 50% 是 1.5，这就是相对贫困线。收入为 1 的两个人没有达到这个标准。没有达到相对贫困线的人口所占的比例叫作相对贫困率（relative poverty rate）。这个例子中，相对贫困率是 2/7，约为 0.29。也就是说，由此能够计算出有 29% 的人处于相对贫困状态。

根据厚生劳动省的《国民生活基础调查》，2012 年日本的实际相对贫困率是 16.1%。

市场、收入差距和贫困

现在，我们来回忆一下之前的章节中关于市场的知识。虽然统称为市场，但其实又分为很多不同种类。仅本书涉及的就有完全竞争市场、垄断市场、伯特兰德寡头垄断市场、古诺寡头垄断市场等。

从总体倾向来看，市场的竞争压力越大，社会总剩余越多。其极端情况是完全竞争市场。当所有人都是对价格没有影响力的价格接受者时，社会总剩余将会实现最大化。

不过尽管如此，竞争的过程会让劳动者身心俱疲，也可能对别人造成无法挽回的公害，现实中这些事情都经常发生。对于这些无法恢复的损害，无论社会总剩余增加多少，都不能完全弥补受害者的损失。

并且，在市场上胜出的并不一定就是最优秀的企业。在网络外部性很强的市场上，只要能提前将市场引导到"用户带来用户"轨道上，即使服务质量较低也能获胜。

无论是什么市场，竞争都会带来胜者和败者，有时还会带来受害者。而手中原本就一无所有的人，自然从最初开始就在交换中处于不利地位。只要采用市场制度，收入的差距就难以避免。不存在任何收入差距的完全平等社会缺乏竞争的活力，但我们不能因此就对收入差距置之不理。

另外，消除贫困并不意味着要追求完全平等。即使收入分布的差距普遍存在，贫困也仍然可以消除。因为消除贫困是针对生活水平低于社会所要求的最低水平的人，使其提升到一定的水平。

现在，假设我们将收入低于相对贫困线的人看作贫困人口。在刚才的例子中，7人的收入分布是（1, 1, 2, 3, 4, 6, 7），收入低于相对贫困线1.5的人，也就是贫困人口，是收入为1的两个人。如果通过面向贫困层的收入再分配，让7人的收入分布变为（2, 2, 2, 3, 4, 5, 6），所有人的收入都会高于相对贫困线，也就意味着贫困被消除了。

当然，我们无法仅用收入来衡量人们的生活水平。即使获得相同的收入，需要人照顾的人，比起健康的人要花费更多的钱，不过收入仍然是大致把握人们生活水平的重要变量。

　　本书的内容至此为止。作为"入门的入门"，本书对微观经济学的多数基本知识都做出了说明。最后的第10章不但关乎经济学，还涉及更广阔的多门社会科学的内容。当然，这只是为大家提供一个窗口。如果本书能够提高诸位读者对经济学及社会科学的关心程度，那将是作者最大的荣幸。

推荐阅读

下面介绍一些对有意继续学习微观经济学或相关内容的读者有所裨益的书籍。首先是关于微观经济学的初级水平教科书：

八田達夫『ミクロ経済学 Expressway』東洋経済新報社 2013 年

中级水平的教科书有：

神取道宏『ミクロ経済学の力』日本評論社 2014 年

学习中级水平以上的微观经济学，需要具备一定的数学知识，针对这一点，第 7 章中作为例子提到的以下教材非常好：

尾山大輔、安田洋祐編著『改訂版　経済学で出る数学　高校数学からきちんと攻める』日本評論社 2013 年

作为博弈论的入门教材，下面这本书涉猎广泛并且简单，适合社会科学方向的学生阅读。

渡辺隆裕『ゼミナール　ゲーム理論入門』日本経済新聞出版社 2008 年

将博弈论运用于现实中的制度设计，是现在备受关注的话题，以下两本书都详细介绍了这方面的问题：

坂井豊貴『マーケットデザイン　最先端の実用的な経済学』ちくま新書 2013 年

（坂井丰贵著，蔡晓智译：《合适：从升学择校、相亲配对、牌照拍卖了解新兴实用经济学》，北京：江西人民出版社，2016 年）

アルビン・E・ロス、櫻井祐子訳『フー・ゲッツ・ホ

ワット』日本経済新聞出版社 2016 年

（埃尔文·E. 罗斯著，傅帅雄译：《共享经济：市场设计及其应用》，北京：机械工业出版社，2015 年）

下面这本财政学书籍介绍了本书第 2 章提到的实物给付的优点，该书对财政的论述中融合了微观经济学角度很难考察的个体社会观，可以和本书一起配套阅读。

井手英策『日本財政　転換の指針』岩波新書 2013 年

讲授社会保障的经济学教材中，下面这本书具有广泛影响：

小塩隆士『社会保障の経済学』第 4 版日本評論社 2013 年

本书第 4 章仅从生产与成本的角度来研究企业，并没有将其作为拥有有机构造的"组织"来讨论。关于这一点，经典名著至今仍然具有参考价值：

ケネス・J・アロー『組織の限界』村上泰亮訳ちくま

学芸文库 2017 年

（肯尼斯·阿罗著，陈小白译，《组织的极限》，北京：华夏出版社，2014 年）

第 6 章涉及的网络外部性在 IT 社会是极为重要的主题，下面这本书是关于这一话题的优秀著作：

ポール・オイヤー『オンラインデートで学ぶ経済学』土方奈美訳 NTT 出版 2016 年

关于第 7 章提到的垄断禁止法，可以参考以下图书。这本书对此书对本书提到的施坦威公司钢琴代理店阻止进口的事例也做了介绍。

白石忠志『独禁法事例の勘所』第 2 版有斐閣 2010 年

第 9 章介绍的公共产品自发供给与社会信任深深相关，可以参考下面这本书：

山岸俊男『安心社会から信頼社会へ　日本型システム

の行方』中公新書1999年

关于第10章涉及的贫困问题，有针对儿童贫困问题而写并引起巨大社会反响的下面著作：

阿部彩『子どもの貧困——日本の不公平を考える』岩波新書2008年

此外，还有关于讨论"社会优点"的福利经济学著作通俗地介绍了广泛的内容：

蓼沼宏一『幸せのための経済学——効率と衡平の考え方』岩波ジュニア新書2011年

关于所有权和再分配方面，可以参考下面这本优秀的法哲学教材：

瀧川裕英、宇佐美誠、大屋雄裕『法哲学』有斐閣2014年最后，虽然不像图书那样简单易懂，本书还提及了以下专业论文。第 3 章提及的詹森与米勒的吉芬商品研究：

Jensen, R.T. and Miller, N.H.(2008) "Giffen Behavior and Subsistence Consumption" *American Economic Review*, Vol.98, No.4, pp.1553-1577。

第 6 章提及的卡乔波所做的针对美国线上婚恋的研究包含在以下论文中：

Cacioppo, J.T. et al.(2013) "Marital Satisfaction and Break-ups Differ Across On-line and Off-line Meeting Venues" *Proceedings of the National Academy of Science*, Vol.110, No.25, pp.10135-10140

后　记

　　去年春天，有一次喜欢百事可乐的父亲来我家做客。我一时糊涂给他拿来了可口可乐，结果父亲一口也没有喝。在发现"啊，原来如此，糟糕啦"的一瞬，我便决定这本书要从可乐开始说起。如果有哪位读者不知道我在说什么，请你从第1章而不是后记开始阅读。总之，出于这些缘由，我要深深感谢父亲坂井章。

　　我在执笔本书的同时，还在庆应义塾大学、内阁府、日本经济研究中心教授微观经济学的课程。包括学生在内，与拥有各种不同立场与背景的人进行交流，毫无疑问都为我改进本书的内容提供了很多帮助。在此感谢学生们和课程的组织者们。

　　感谢通读草稿后为我提供了详细评论的庆应义塾大学冈本实哲先生，也感谢我的妻子坂井万利代。此外，还要感谢在执笔过程中给予我鼓励的孩子们，坂井文嘉和坂井树。

继前作《怀疑多数决》之后，本书仍旧有劳岩波新书主编永沼浩一先生进行编辑。他用有时如春风，有时如暴雨的高明方法敦促我顺利完成了本书的写作，在此向他表示敬佩与感谢。

坂井丰贵

出版后记

如今,越来越多的读者希望借助鲜活有趣的入门书籍了解经济学。但仍有不少入门者会诉诸大部头的经典教材,其固然体系完备、论述详尽,然而普通读者囿于知识基础、时间精力等因素,往往在翻过一两章后草草放弃。

对徘徊在经济学理论门外的读者来说,其主要诉求在于在短时间内把握一些基本概念与模型,并在此过程中培养起兴趣,再进一步深入阅读;同时,不少人对经济学有着"跟数字打交道的高大上学科"的印象,加之对自己数学基础不太自信,而迟迟怯于推开经济学的大门。

而《小学二年级就能读懂的经济学》一书,便准确地把握了入门读者的核心诉求,向大家发出了经济学世界的邀约。本书内容短小精悍,却涵盖了学习微观经济学所必需的理论模块与模型,体系完整;对数学基础无特殊要求,却以丰富图例与案例阐明了理论背后的逻辑,思路严密;从经济学知识出发，但不止于经济学，书中案例与政治学、社会学等学科均有交叉，这些都是经济学所能通向的应用路径。

这不是一本需要正襟危坐做笔记演算的教材，而是一本睡前、等车时、地铁上都能翻几页的入门小册子。或许这也是经济学这门学科原本的样子，它正是植根于我们的日常决策选择的一种思维，而不是一系列冷冰冰的数学计量模型。经济学本来如此，学习经济学也理应如此。

本书作者坂井丰贵系日本庆应义塾大学教授，长于针对零基础读者的经济学科普，以生动简明的语言诠释经济理论。后浪图书还出版过该作者的《议事的科学：用诺奖经济学解密左右决策结果的隐形力量》《合适：从升学择校、相亲配对、牌照拍卖了解新兴实用经济学》等著作。

同时，如对经济学理论有更深入的阅读兴趣，可结合我司近期出版的《经济学的思维方式》等书一同阅读。

服务热线：133-6631-2326　188-1142-1266
读者信箱：reader@hinabook.com

后浪出版公司
2018 年 12 月

图书在版编目（CIP）数据

小学二年级就能读懂的经济学/（日）坂井丰贵著；
李晨译.--南昌：江西人民出版社，2019.4（2019.6 重印）
ISBN 978-7-210-10965-5

Ⅰ.①小… Ⅱ.①坂…②李… Ⅲ.①微观经济学—
通俗读物 Ⅳ.①F016-49

中国版本图书馆 CIP 数据核字 (2018) 第 261360 号

MIKURO KEIZAIGAKU NYUMON NO NYUMON
by Toyotaka Sakai
© 2017 by Toyotaka Sakai
Originally published in 2017 by Iwanami Shoten, Publishers, Tokyo.
This simplified Chinese edition published 2018
by Ginkgo(Beijing) Book Co., Beijing
by arrangement with Iwanami Shoten, Publishers, Tokyo

本书中文简体版权归属于银杏树下（北京）图书有限责任公司。
版权登记号：14-2018-0365

小学二年级就能读懂的经济学

作者：[日]坂井丰贵　译者：李　晨

责任编辑：冯雪松　钱　浩　特约编辑：李　峥　郎旭冉　筹划出版：银杏树下
出版统筹：吴兴元　营销推广：ONEBOOK　装帧制造：墨白空间
出版发行：江西人民出版社　印刷：北京天宇万达印刷有限公司
889 毫米 × 1194 毫米　1/32　5.5 印张　字数 89 千字
2019 年 4 月第 1 版　2019 年 6 月第 2 次印刷
ISBN 978-7-210-10965-5
定价：38.00 元
赣版权登字 -01-2018-939

后浪出版咨询（北京）有限责任公司 常年法律顾问：北京大成律师事务所
周天晖 copyright@hinabook.com

未经许可，不得以任何方式复制或抄袭本书部分或全部内容
版权所有，侵权必究
如有质量问题，请寄回印厂调换　联系电话：010-64010019